Martha Tretter

Grüne Glücksorte in Wien

Geh raus & blüh auf

Dieses

Glücksbuch

ist für

Liebe Glücksuchende,

dieses Buch ist eine herzliche Einladung, grüne Orte für sich selbst zu entdecken und sich Zeit zum Genießen in der Natur zu nehmen. In Wien oder einfach da, wo man gerade ist.
Wien mag vorrangig für kaiserliche Prunkbauten bekannt sein, es ist aber auch eine sehr grüne Stadt. Daher war es nicht schwer, 80 grüne Glücksorte zu finden. So sind hier vom berühmten Schlossgarten bis zum versteckten Naturbadeplatz im Nationalpark, vom Restaurant im begrünten Innenhof bis zu den Picknickwiesen im Prater die verschiedensten grünen Orte bunt gemischt versammelt. Obwohl ich als Stadtführerin Wien wie meine eigene Westentasche kenne, habe ich viele neue grüne Flecken entdeckt und wurde von jedem einzelnen verzaubert.
Wozu auch immer dieses Buch inspiriert, zum Lesen zu Hause, zum Träumen von Wien, zum Schmökern auf einer Parkbank oder als Reisebegleiter – in jedem Fall hoffe ich, dass es Lust macht, die grünen Glücksorte Wiens zu erkunden. Viel Freude auf dieser Entdeckungsreise wünscht Ihnen

Martha Tretter

Deine Glücksorte ...

… noch mehr Glück für dich

Wohnzimmer Grätzeloase

1

Entschleunigung am Beginn der Praterstraße

Kaum biegt man ein in die Praterstraße, breitet sich innerlich Ruhe aus, das entspannte Flair zieht einen in den Bann und spätestens beim Vorbeigehen am dritten kleinen Lokal überlegt man, ob es nicht doch einen Grund für einen Kaffee oder einen Imbiss gäbe. Auch den Geschäftstermin könnte man leicht hierherverlegen und sich in die Gesellschaft der Genießenden einreihen. Unter den hohen Bäumen geht alles leichter, das Arbeiten und das Erholen.
Der verkehrsberuhigte Teil der langen Straße lässt einen unwillkürlich ausatmen, Platz nehmen und sich umsehen. Innerhalb weniger Jahre haben sich hier Restaurants und Mini-Lokale eingemietet. Jedes überzeugt für sich mit abwechslungsreicher und origineller Küche. Auf der linken Seite ist der Gehsteig so breit wie ein kleiner Platz, dementsprechend viele Tische stehen in der warmen Jahreszeit vor den Lokalen. Hohe, alte Bäume spenden Schatten und lassen eine lauschige Atmosphäre entstehen. Über das gemütliche Treiben wacht der berühmte Wiener Stegreif-Komiker, Schauspieler und Theaterdirektor Johann Nestroy. Die Statue erinnert an die legendäre Persönlichkeit; Nestroy hat unweit von hier das Carltheater geleitet und ist dort unzählige Male selbst auf der Bühne gestanden.
Die untere Praterstraße hat auch einen Literaten und Theaterschriftsteller hervorgebracht. Im Haus gegenüber wurde Arthur Schnitzler geboren. Er schockierte die deutschsprachige Theaterwelt mit seinen subtil gesellschaftskritischen Werken. Nicht nur die Uraufführung des „Reigen" im Wiener Volkstheater hat wegen der erotischen Anspielungen einen veritablen Skandal ausgelöst. Dass er in der „Traumnovelle" und in „Leutnant Gustl" die Leser am Gedankenkreisen seiner Figuren teilhaben lässt, war völlig neu und somit eine gewagte Sache.
Im Grätzel finden sich viele außergewöhnliche Geschäfte, ein exklusiver Obst- und Gemüseladen sowie eine Eisenwarenhandlung wie aus dem Bilderbuch, und auch eine Wiener Designerin hat hier ihr Atelier.

TIPP

Grätzeloasen gibt es überall in Wien. Sie sind es wert, entdeckt und immer wieder besucht zu werden.

- Praterstraße 17, 1020 Wien
- ÖPNV: Haltestelle Nestroyplatz

Vor imposanter Kulisse

2 Genussprogramm auf dem Rathausplatz

Zwischen Blumenbeeten, blühenden Sträuchern und alten Bäumen lässt es sich im Park vor dem beeindruckenden Wiener Rathaus wunderbar flanieren. Oft wird es mit einer Kirche verwechselt. Mit seinem neugotischen Baustil erinnert es an die große Zeit der selbstverwalteten Städte im Mittelalter und ist ein echter Blickfang an der Ringstraße. Die geschwungenen Wege zwischen den Grünflächen sind wie für Müßiggänger gemacht. In großen Bögen spaziert man so durch die Parkanlage und erfreut sich an den vielen Sitzmöglichkeiten. Parkbank reiht sich an Parkbank, in fast verschwenderischer Anzahl laden sie zum Verweilen ein. Die Springbrunnen begleiten mit ihrem beruhigenden Plätschern den Moment.

Besonders zu empfehlen sind die lauen Sommerabende, wenn das alljährliche Filmfestival stattfindet. Während auf einer riesigen Leinwand vor dem Rathaus Konzerte und Opern gezeigt werden und an den Ständen auf dem Platz davor internationale Küche und Getränke der große Besuchermagnet sind, sitzt es sich im Park links und rechts des Geschehens fast idyllisch. Die Musik im Hintergrund ist eine wunderbare Untermalung und ein wohlgefüllter Picknickkorb sorgt für zufriedene Gesichter. Im Winter ist die Atmosphäre nicht weniger romantisch, wenn der Eislaufplatz über die Wege in den Park erweitert wird und in den Bäumen bunte Lampions und Lichtergirlanden hängen.

TIPP

Im Juli und August findet das einzigartige Filmfestival bei freiem Eintritt statt.

Wenn weder Weihnachtsmarkt noch Filmfestival oder Sportveranstaltungen stattfinden und es hier ruhiger zugeht, kann man sich den Statuen widmen. Sie erzählen von gefeierten Persönlichkeiten wie den Komponisten Johann Strauss und Joseph Lanner, dem Maler Ferdinand Georg Waldmüller und dem Politiker Karl Renner. Wer den Blick zur Figur am Turm hebt, den grüßt der Rathausmann. Die überlebensgroße Statue eines mittelalterlichen Wachmanns beschützt die Stadt und wiegt sich leicht im Wind. Sie ist mit einem schweren Pendel auf einer Halbkugel in den Turm hineinmontiert, sodass sie bei starken Böen mit dem Sturm schwanken kann, ohne abzubrechen.

- Rathausplatz, 1010 Wien
- ÖPNV: Haltestelle Rathausplatz/Burgtheater oder Rathaus

Ab auf die Insel

3 Mit der U-Bahn an den Donaustrand

Die Wiener Donauinsel ist ein Naherholungsgebiet, das von der Bevölkerung das ganze Jahr über begeistert genutzt wird. Auf 21 Kilometern Länge und bis zu 250 Metern Breite finden hier alle ihr Glück. Wiesen und Bäume sind von Rad- und Spazierwegen umgeben. Auf einer Wildobstwiese darf man sogar Äpfel pflücken und genüsslich verputzen. Familien, Studenten und Freundesgruppen können einen Grillplatz buchen. Die Stadt liefert das Holz für das Grillfeuer, Würstel und andere Köstlichkeiten werden selbst mitgebracht. Zu später Stunde ist man dann satt und zufrieden und bestaunt von der Wiese aus die Sterne. Die Donauinsel ist außerdem wunderbar sauber. Das liegt an dem flächendeckenden Angebot der Stadtverwaltung an modernen Toiletten- und Duschanlagen sowie Mülleimern.

Die Donau hat durch die Insel eine Schwester bekommen. Die Neue Donau ist fast immer ein See, bei Hochwasser wird sie jedoch zum Fluss. Dann werden die Schleusen geöffnet und das parallel zur Insel befindliche Becken wird aufgefüllt. Die Ufer an beiden Seiten der Insel sind mit Bäumen und Sträuchern gesäumt und bieten Naturbadefans herrliche Strände. Von den Badestegen geht es direkt ins kühle Nass. Das Klingeln des mobilen Eisverkäufers ist an heißen Sommertagen Musik in den Ohren der Kinder. Die FKK-Bader haben ihre eigenen Bereiche. Auch bei kühleren Temperaturen ist die Donauinsel ein Ziel für Sportler und alle, die dem Stress der Stadt entfliehen wollen. Radfahren, Inlineskaten und Joggen sind hier angesagt. Auch Wassersportler toben sich beim Wasserskifahren, Segeln und Surfen oder im Kajak-Rafting-Kanal aus. Es wird Beachvolleyball gespielt und im Anschluss gibt es erfrischende Getränke und Snacks in den Restaurants und an den Imbissständen.

All diese Aktivitäten verteilen sich weitläufig, auch Ruhesuchende und Angler finden stille Plätzchen. Teile der Donauinsel sind sogar Naturschutzgebiete und bieten Pflanzen und Tieren einen Erholungs- und Entfaltungsraum.

TIPP

Am Donauinselfest Ende Juni gibt es Livemusik auf Europas größtem Open-Air-Festival.

- Donauinsel, 1220 Wien
- ÖPNV: Haltestelle Donauinsel oder Floridsdorfer Brücke

Den Weitblick genießen

4 Alle Seiten des Kahlenbergs entdecken

Der Kahlenberg hat in der Wiener Stadtgeschichte aufgrund der erfolgreichen Befreiungsschlacht gegen die Osmanen im Jahr 1683 große Bedeutung. Die Kirche oben am Hügel wurde deshalb 1983 sogar von Papst Johannes Paul II. besucht. Neben der Tourismus-Universität und einem Apartment-Hotel fahren Wiener und Wienbesucher vor allem wegen der herrlichen Aussicht über die Stadt und die Weinhänge hierher. Radfahrer strampeln die Höhenstraße hinauf und belohnen sich mit dem wunderschönen Blick und einem kühlen Getränk. Um 1900 führte sogar eine Zahnradbahn von Nussdorf auf den Kahlenberg. Er wurde das erste Ausflugsziel für die Stadtbewohner, das mit öffentlichen Verkehrsmitteln leicht erreichbar war. Der Schriftsteller Franz Grillparzer schrieb: „Hast du vom Kahlenberg das Land dir rings besehn, / So wirst du, was ich schrieb und was ich bin, verstehn."

Von der Aussichtsplattform geht es noch ein Stück hügelaufwärts zur 1887 errichteten Stephaniewarte. Sie ist der Frau von Kronprinz Rudolf gewidmet und heute noch ein beliebtes Ausflugsziel. Von Mai bis Oktober ist die Warte geöffnet und man kann gegen eine kleine Eintrittsgebühr den 22 Meter hohen Turm erklimmen.

Es empfiehlt sich, nach der genossenen Aussicht bergab zu spazieren, vorbei an luxuriösen Villen und ihren prachtvollen Gärten. Zum Waldfriedhof der Mönche der Resurrektionisten geht es links in den Wald hinein. Eine Handvoll Gräber aus der Biedermeierzeit sind erhalten, unter anderem sind Karoline Traunwieser, zu Lebzeiten bekannt als die „schönste Wienerin", und die Familie de Ligne, die einst hier lebte, begraben. Der aus Belgien stammende Charles-Joseph de Ligne war ein angesehener Diplomat auf dem Wiener Kongress. Weiter den Hügel abwärts weisen die ersten Winzer mit „Ausg'steckt"-Schildern auf ihre offenen Heurigen und Buschenschanken hin. Eine gemütliche Einkehr mit einem Glas Wein oder Traubensaft ist immer eine gute Idee.

TIPP

Sich Zeit nehmen für den Blick über Wien. Wer entdeckt Donau, Riesenrad und Stephansdom zuerst?

- Kahlenberg, 1190 Wien
- ÖPNV: Haltestelle Kahlenberg

Farbrausch im Grünen

5

Zu Besuch in der Künstlervilla am Stadtrand

Am Halterbach an der Hüttelbergstraße liegen die Otto-Wagner-Villen. Aus verschiedenen Schaffensphasen stammend, sind die beiden Sommerresidenzen des Architekten ganz unterschiedlich gestaltet. 1888 erbaute Wagner eine prunkvolle Villa im italienischen Stil mit Portalen, die mit klassischen Säulen geschmückt sind. Ihr heutiges Aussehen verdankt sie dem Universalkünstler und Maler Ernst Fuchs, einem führenden Mitglied der Wiener Schule des Phantastischen Realismus. Fuchs erfüllte sich mit dem Kauf der Otto-Wagner-Villa einen Lebenstraum und löste gleichzeitig ein Versprechen ein. Seit er ein kleines Kind war und mit seiner Mutter in der Hüttelbergstraße spazieren ging, war er von dem Gebäude fasziniert. Er versprach ihr, eines Tages so berühmt und erfolgreich zu sein, dass er die Villa kaufen könne. 1972 wurde dieser Wunsch Realität. Ernst Fuchs nutzte die Villa bis 1986 als Atelier. Seine Gemälde und Ergänzungen in den Innenräumen sind zu den Öffnungszeiten zu sehen. Er fügte auch die Fruchtbarkeitsgöttin an der Vorderfront sowie das bunte Gesims und das Brunnenhäuschen im Garten hinzu. Opulente Formen und bunte Farben prägen die von Ernst Fuchs gestalteten Bereiche des Gartens. Im wahrsten Sinne des Wortes das pralle Leben.

TIPP

Nebenan kann man einen Blick durch den Zaun auf die Villa Wagner II werfen.

Das Grundstück am Waldhang ist eine Welt für sich. Taucht man ein in das Farben- und Formenspiel, sind die Straße und die vorbeifahrenden Autos vergessen. Im kleinen Café am Pförtnerhaus gibt es neben leckeren Kuchen und Getränken auch Postkarten und kleine Geschenke zu kaufen. So kann man den Aufenthalt genussvoll abrunden und die Eindrücke gleich festhalten. Viele berühmte Menschen waren hier zu Gast und wurden von Ernst Fuchs porträtiert. 1988 eröffnete er sein eigenes Museum in der Villa, wo er ein Gesamtkunstwerk aus Literatur, Musik, Malerei und Architektur geschaffen hatte, und verlegte sein Atelier nach Monaco. Seinem Wunsch, der Welt mehr Farbe und Schönheit zu schenken, kann man hier in aller Ruhe nachspüren.

● Otto-Wagner-Villen, Hüttelbergstraße 26 und 28, 1140 Wien, Tel. +43 (1) 914 85 75
www.ernstfuchsmuseum.at
● ÖPNV: Haltestelle Campingplatz Wien West 1

Weingarten mit Wienblick

6

Die besten Weinlagen am malerischen Nussberg

Wer am Wochenende bei schönem Wetter auf dem Nussberg durch die Weinberge spaziert, hat mit großer Wahrscheinlichkeit vor, in einer der Buschenschanken einzukehren. Seit einigen Jahren hat die junge Winzergeneration begonnen, dort kleine, feine Pop-up-Heurige zu etablieren. Der Heurige bezeichnet in Wien entweder das Winzerhaus mit Weinausschank oder den jungen Wein von diesem oder letztem Jahr. Nach dem Aufstieg direkt zwischen den Rebzeilen gelangt man über die Eisernenhandgasse und die „Ausg'steckt"-Wegweiser zu den Buschenschanken mit einfachen Tischen und Bänken am Weinhang. Seit ihrem ersten Auftreten haben sich diese modernen Heurigen deutlich vergrößert, mit Liegestühlen und Strandkörben wird hier Urlaubsfeeling gezaubert. Den hauseigenen Wein holt man sich selbst bei der Ausschankhütte und gustiert dort gleich bei den angebotenen Brettljausen und süßen Köstlichkeiten.

Gut mit Wein und Essen versorgt, geht es zurück zur Sitzgelegenheit mit herrlichem Blick über Wien. Auf so einem Lieblingsplatz möchte man gerne länger verweilen. Wen es im Anschluss noch zum typischen Heurigen mit warmem Buffet zieht, der wird beim Sirbu am Nussberg mit Blick auf den Leopoldsberg fündig. Oder man hebt sich den Besuch beim Traditionsbetrieb für den Ausklang auf.

Der Spaziergang bergab führt ins alte Winzerdorf Nussdorf, wo die Heurigen für Gemütlichkeit, gutes Essen und Eigenbauwein vom Nussberg stehen und auf Gäste warten. Hinter dem urigen Winzerhaus erstreckt sich der gemütliche Garten. Dort lässt es sich herrlich unter den ausladenden Bäumen entspannen. Schon Ludwig van Beethoven schätzte diese Gegend sehr und ging hier gerne spazieren. Der Beethovengang und die Eroicagasse erinnern noch an den berühmten Komponisten und Musiker, der in Wien lebte. Dem guten Wein war der gebürtige Bonner durchaus zugetan. In diesem Sinne lassen wir den Wiener Wein und die Heurigen hochleben und genießen zufrieden den Moment.

TIPP

Es gibt viele Spazierwege durch die Weinberge. Ein guter Einstieg ist beim Nussdorfer Friedhof.

- Nussberg, 1190 Wien
- ÖPNV: Haltestelle Beethovengang

Magische Allee

7

Im Schwarzenbergpark von der Natur verzaubert

Der Schwarzenbergpark blickt auf eine große Vergangenheit zurück, war er doch ursprünglich ein Schlossgarten im Stil englischer Landschaftsgärten, wie sie im 18. Jahrhundert en vogue waren. Gartenliebhaber erkennen noch die berühmte Allee sowie Teiche und Baumgruppen als Gestaltungsmerkmale der historischen Anlage.

Der höchste Punkt des Parks heißt Hameau, dort ließ der erste Besitzer, Graf Lacy, Hütten für seine Gäste errichten. Von den 17 Häuschen steht heute noch eins. An den Grafen erinnern auch seine Grabstätte und die beiden prächtigen Obelisken im unteren Teil des Parks. Die Namen „Hameau" und „Parapluie-Teich" zeugen vom Einfluss der französischen Sprache im Wienerischen und klingen heute kurios exotisch. Parapluie kommt vom französischen Wort für Regenschirm. Die Baumkronenform der hier gepflanzten Schirmföhren war namensgebend. Später kauften die Fürsten Schwarzenberg die 80 Hektar große Anlage und gestalteten sie um.

TIPP

Ein Abendspaziergang durch die sonnendurchflutete Allee und die angrenzenden Waldbereiche.

Seit den 1950er-Jahren ist der Schwarzenbergpark im Besitz der Stadt Wien und für die Öffentlichkeit zugänglich. Aufgrund seiner Größe ist er ein beliebtes Areal für ausgedehnte Spaziergänge und Joggingrunden. Auf den weiten Wiesen können Hunde auslaufen und spielen. Kinder und andere Entdecker haben beim Planschen am Bach, beim Klettern auf Bäume und beim Drachensteigen ihre Freude. Direkt am Wienerwald gelegen, kann man vom Park aus auch zu ausgedehnten Wanderungen starten. Der Stadtwanderweg 3 und der Rundumadum-Wanderweg steigen hier direkt ein.

Bewegung macht hungrig, deshalb ist auch für das leibliche Wohl gesorgt. In der Manameierei werden köstliche Brote, Salate und kleine Gerichte serviert. In gemütlicher Atmosphäre kann man sich stärken und bei gutem Essen die Seele baumeln lassen. Wer seine Jause lieber mitten im Grünen genießt, lässt sich einen der hübschen Picknickkörbe mit Spezialitäten füllen und sucht sich ein Lieblingsplätzchen im Park. So werden besondere Momente zu schönen Erinnerungen.

- Schwarzenbergpark, Höhenstraße, 1170 Wien
- ÖPNV: Haltestelle Obere Waldandacht

Wohnen mit Luft und Licht

8 Gelebtes Miteinander im Karl-Marx-Hof

In den grünen Höfen mit den vielen Balkonen ist eine Welt zum Wohlfühlen entstanden. Hier lebt man mit viel Luft und Licht im Gemeindebau. Das revolutionär Fortschrittliche dieser Anlage aus den späten 1920er-Jahren war, dass nur 18 Prozent der Fläche verbaut wurden, der Rest sind Grünflächen und Spielplätze. Integration, nicht Gewinnmaximierung war hier das Motto. Der Architekt Karl Ehn hat die 1 Kilometer langen Wohnhöfe zwischen 1927 und 1930 entworfen. Es handelt sich um den längsten zusammenhängenden Wohnbau der Welt. Damals waren es 1300 Wohnungen, die später teilweise zusammengelegt und so vergrößert wurden. Großer Wert wurde auf die Infrastruktur in den Höfen gelegt. Kinderbäder, Spielplätze, Elternberatungsstellen, Lebensmittelgeschäfte, Arztpraxen, Apotheken, Gemeinschaftsräume, Turnhallen, Wäschereien, Büchereien, Jugendtreffs und ein Postamt befanden sich in den Gebäuden.

TIPP
Im ehemaligen Waschsalon gibt es eine sehenswerte Ausstellung über das Rote Wien.

Betritt man einen der Höfe, überrascht die Großzügigkeit der Grünflächen. Die Architektur tritt zurück. Breite Durchfahrten und Tore verbinden die Gebäudeteile. Die Höfe strahlen Klarheit und Ruhe aus. Lebenswerter und leistbarer Wohnraum wurde hier für Tausende Menschen geschaffen. Große Bäume und Rasenflächen zum Erholen und Spielen prägen den Karl-Marx-Hof bis heute. Wer eine Wohnung von der Stadt Wien zugewiesen bekommt, bleibt meist länger, und so sind viele Familien seit Jahrzehnten hier ansässig. Im Bereich des Mitteltrakts liegt ein 10.500 Quadratmeter großer Park vor dem Gebäude. Sitzbänke unter Schatten spendenden Bäumen bieten Bewohnern und Besuchern die Möglichkeit, miteinander ins Gespräch zu kommen. Die Bronzeskulptur „Der Sämann“ von Otto Hofner ist der Blickfang vor dem Gebäude. An der Fassade stehen die von Josef Riedl geschaffenen Keramikfiguren für Freiheit, Fürsorge, Aufklärung und Körperkultur.

Nicht nur Menschen bevölkern den Karl-Marx-Hof. Von Frühling bis Herbst nisten Turmfalken in den runden Maueröffnungen. Seit 2002 sind dahinter auch Nistkästen für Vögel aufgestellt.

- Karl-Marx-Hof, Heiligenstädter Straße 82–92, 1190 Wien
- ÖPNV: Haltestelle Heiligenstadt oder Heiligenstadt/12.-Februar-Platz

Des Kaisers Tiere

9 Der älteste Zoo der Welt in Schönbrunn

Einer der schönsten Plätze im Schönbrunner Tiergarten ist der Kaiserpavillon. Im Zentrum der historischen Anlage gelegen, hat man vom Kaffeehaustisch einen wunderbaren Blick auf die Tiere und bis zum Schloss Schönbrunn. 1759 als Frühstückspavillon erbaut, sind im Inneren bis heute die alten Fresken erhalten.

Kaiser Franz Stephan hat den Zoo 1752 gegründet und von seinen Gartenarchitekten gestalten lassen. Er interessierte sich für exotische Tiere und Pflanzen und sammelte naturhistorische Exponate. An einen modernen Zoo gibt es heute glücklicherweise ganz andere Anforderungen als damals, um das Tierwohl zu gewährleisten. Die Gehege werden laufend erneuert und noch besser den Bedürfnissen der Bewohner angepasst. Besonders stolz ist man im Wiener Zoo darauf, dass sich die Riesenpandas vermehren und schon einige Jungtiere nach China gegeben werden konnten.

Das historische Giraffenhaus ist einzigartig. Der barocke Teil wurde durch einen Wintergarten ergänzt, eine Photovoltaikanlage und ein Schotterspeicher sorgen für umweltfreundliche Energie. Der Einzug der ersten Giraffe 1828 löste eine regelrechte Giraffenmanie aus. Accessoires mit Giraffenmotiven waren der letzte Schrei, ein Theaterstück und zwei Musikstücke wurden dem exotischen Tier gewidmet. Wer möchte, nimmt sich einen Moment Zeit, um diese in sich ruhenden Geschöpfe und ihre langsamen Bewegungen zu beobachten.

TIPP

Am besten besucht man die Lieblingstiere zu den Fütterungszeiten. Die Infos gibt es auf der Website.

Der Schönbrunner Zoo ist besonders bei Familien beliebt. Immer wieder hört man aufgeregte Kinderstimmen, wenn die Kleinen die Tiere entdecken. Fasziniert betrachten sie Elefanten und Affen und freuen sich auf die Fütterung der Robben am Wasserbecken. Weiter oben auf dem bewaldeten Hügel befindet sich das Tirolerhaus, ein historisches Bauernhaus aus den Alpen, das im Zoogelände wieder aufgebaut wurde. In der Nähe gibt es auch einen Baumkronenpfad, von dem aus die Tierwelt des Waldes in luftiger Höhe bestaunt werden kann. Wie schön und schützenswert die Vielfalt der Natur ist, wird einem hier wieder bewusst.

- Tiergarten Schönbrunn, Maxingstraße 13 b, 1130 Wien, Tel. +43 (1) 8 77 92 94-0 www.zoovienna.at
- ÖPNV: Haltestelle Hietzing

Urlaub am Strand

10 Kurztrip an die Alte Donau

Die Donau beglückt in Wien gleich mit mehreren Flussarmen. Die Alte Donau ist mittlerweile mehr See als Fluss und für viele Sonnenhungrige und Schwimmbegeisterte der liebste Aufenthaltsort in den Sommermonaten. Strandbäder mit Kabinenhäuschen für Dauermieter, Imbissstände und Schatten spendende Bäume machen den Besuch zum erholsamen Vergnügen. Freundesgruppen treffen sich zum Kartenspielen. Kabinennachbarn kennen sich oft seit Jahrzehnten und tauschen Neuigkeiten aus. An der Alten Donau gibt es auch viele Möglichkeiten für Sportfans, man kann hier zum Beispiel den Segelschein machen. Gemütlich ist es auch, im Tret- oder Elektroboot durch die Gegend zu schippern. Für eine romantische Ausfahrt oder eine Party-Bootstour werden mit einer Palme dekorierte Boote angeboten, die echte Urlaubsgefühle hervorrufen. Auf einer weichen Couch mit passendem Tisch ist Platz für den Sektkühler und kleine Häppchen zur Verpflegung. So schnell ist man in entspannter Atmosphäre in einer ganz anderen Welt gelandet. Ferien direkt in Wien.

Wer das fröhliche Treiben am Wasser lieber von der Terrasse eines Restaurants aus beobachtet, wird bei verschiedenen Lokalen am Ufer fündig. Da die Plätze heiß begehrt sind, empfiehlt sich eine Reservierung. Traditionell und typisch wienerisch präsentiert sich das Gasthaus Birner, ein bisschen moderner und jünger das Bootshaus. Herrlich ist es auch, mit dem Fahrrad an der Alten Donau entlangzufahren und die kleinen Uferhäuschen zu bewundern. Die schmalen Grundstücke und Miniaturgebäude werden liebevoll gehegt und gepflegt, sind sie doch oft das Sommerrefugium für die ganze Familie. Im Garten wird abends gegrillt und der Sonnenuntergang genossen.

Etwas umtriebiger geht es in Wiens größtem Freibad zu. Das legendäre Gänsehäufel befindet sich auf einer Insel in der Alten Donau und ist über eine Brücke zu erreichen. Hier sieht man strahlende Kindergesichter beim Eisstand, Familien im Pool oder beim Schwimmen um die Insel. Sommerglück pur.

TIPP

Lichterfest im Juli: Abends fahren mit Lampions geschmückte Boote aus, bekrönt von einem Feuerwerk.

- Alte Donau, 1220 Wien
- ÖPNV: Haltestelle Alte Donau

Mittagspause im Grünen

11 Lustwandeln auf Brezelwegen im Stadtpark

Welche Bank wählt man nur? Eine mit Blick auf Johann Strauss oder lieber eine in der Nähe von Schubert? Wer Bruckner verehrt, findet unweit der Statue für den Komponisten ein Plätzchen. Auch Malern wie Friedrich von Amerling und Hans Makart wurde inmitten der Wiesen und Bäume mit einem Denkmal gedacht.

Der Stadtpark wurde im Zuge des Ringstraßenbaus auf dem ehemaligen Glacis, dem Verteidigungsgelände vor der Stadtmauer, angelegt. Ein englischer Landschaftsgarten wie aus dem Bilderbuch, mit Ententeichen und kleinen Brücken über Bäche. Alle kommen sie in den Stadtpark: zum Mittagessen auf der Parkbank oder zum Flanieren, auch wenn man nicht ganz so gut zu Fuß ist, denn Sitzgelegenheiten gibt es hier genug. Die jungen Leute liegen lieber auf der Wiese, die Kinder marschieren zielstrebig zu den Teichen, wo die Enten auf Futter hoffen.

TIPP

Im Mai findet das Genussfestival statt, wo man sich ein Wochenende durch die Stände kosten kann.

Am Stadtpark-Portal, das mit kunstvollen Pflanzenmotiven im Jugendstil verziert wurde, kommt der vom Naschmarkt bis hierher überwölbte Wienfluss wieder zum Vorschein. Von überdimensionierten blauen Vasen gesäumt, führen Spazierwege am Flussbett entlang. Auf der anderen Seite warten Kinderspielplätze auf kleine Abenteurer. Die Meierei erinnert daran, dass sich in dem Gebäude einst eine Milchtrinkhalle befand. Heute sind zwei ausgezeichnete Restaurants darin untergebracht. Im oberen Teil des Parks liegt der Kursalon. Der Name impliziert, dass es im Stadtpark Heilwasser aus den verschiedenen Kurbädern der K.-u.-k.-Monarchie zu trinken gab.

Besonders beliebt waren die Konzerte des Strauss-Orchesters auf der Terrasse vor dem Gebäude. Noch heute ist jeden Abend Strauss-Musik im Konzertsaal zu hören. Einen besonders schönen Blick hat man von der Terrasse Richtung Musikpavillon mit dem Park im Hintergrund. Dazu stelle man sich Walzermusik und tanzende Paare vor. Hier lässt es sich gut verweilen, mit oder ohne Dreivierteltakt. Im Sommer sorgt das kleine Espressomobil für Muntermacher, meist steht es direkt beim Walzerkönig Johann Strauss.

- Stadtpark, Parkring 1, 1010 Wien
- ÖPNV: Haltestelle Stubentor, Stadtpark oder Weihburggasse

Kulinarische Vielfalt

12 Buntes Leben am Brunnenmarkt und Yppenplatz

Der mediterran-türkisch und seit Kurzem auch arabisch geprägte Brunnenmarkt mit über 170 Marktständen ist Wiens größter Straßenmarkt, der sich auf dem Yppenplatz fortsetzt. Wer durch die lange, enge Brunnengasse zwischen Thaliastraße und Ottakringer Straße spaziert, taucht ein in eine wunderbare Welt aus Gewürzen, Kräutern, Obst und Gemüse. Es duftet nach Früchten und exotischen Speisen, vor den Grillständen stehen die Menschen Schlange. Die frisch zubereiteten Lamm-, Hühner- oder Köfte-Spieße sind die Spezialität des Marktes. Ebenso beliebt ist Gözleme, türkische Pizza mit diversen Füllungen, die auf einem kleinen runden Ofen gebraten wird. Bei einem genüsslichen Biss in die Köstlichkeit kommt Urlaubsstimmung auf. Natürlich gibt es auch himmlische Falafeln und Hummus. Unbedingt besuchen sollte man zudem die Teehäuser, Bäckereien und anderen Lokale, die sich hinter den Marktständen in der Gasse befinden. Das Trabzon ist bekannt für frische Simit (Sesamkringel) und Fladenbrote, die dort direkt aus dem Holzofen kommen.

TIPP

Ins Kent gehen und im Gastgarten entspannt türkische Küche genießen. Der Klassiker am Brunnenmarkt.

An den Obst- und Gemüseständen wird alles in großen Mengen verkauft, die Petersilienbünde sind dick und üppig im Vergleich zu Standard-Supermarktgrößen. Auch bei Fleisch gibt es eine große Vielfalt und es braucht mitunter kundige Köchinnen, die mit Kalbsköpfen, -füßen und Kutteln umgehen können. Fein und nobel mag es woanders zugehen, am Brunnenmarkt sind die Preise fair, die Menschen kaufen hier für die ganze Familie ein. Angebote werden lautstark ausgerufen und Rabatte gewährt. Die Atmosphäre ist entspannt und freundlich, obwohl hier intensiv gearbeitet wird.

Die günstigen Mietpreise in der Umgebung und die bunte Stimmung haben viele Künstler und Studenten angezogen, die nun das Grätzel beleben. Vor allem der Yppenplatz hat sich durch die jungen Kreativen zu einer Oase mit Cafés und lässigen Lokalen entwickelt. Ein Miteinander der Kulturen, das hier problemlos gelingt und im wahrsten Sinne des Wortes Früchte trägt.

- Yppenplatz, Brunnengasse/Yppenmarkt, 1160 Wien
- ÖPNV: Haltestelle Neulerchenfelder Straße/Brunnengasse oder Josefstädter Straße

ROYAL FRUIT

Inspiration im Garten

13 Das Gartenatelier von Gustav Klimt

In Hietzing, einem der Wiener Villenbezirke, reisen wir zurück in der Zeit, ins Wien kurz nach 1900. Gustav Klimt ist ein gefragter Maler, der seine Winter in Wien und die Sommer vorzugsweise am Attersee verbringt. In der ruhigen Wohnstraße versteckt sich hinter Hecken und Rosenbüschen das letzte Atelier des Künstlers. Hier fand sein Privat- und Arbeitsleben statt. Dieses Refugium kann man seit einigen Jahren wieder besuchen. Das einzige Kunststück, das man in diesem wunderbaren Garten vollbringen muss, ist, sich die neobarocke Villa wegzudenken. Damals befand sich auf dem Grundstück mit dem alten Baumbestand und einer Vielfalt an Blumen nur ein ebenerdiges Gartenhaus, um das herum 1923 die Villa gebaut wurde. Die großen Fenster des eigentlichen Ateliers gingen nordseitig Richtung Garten, so hatte Klimt das beste Licht zum Malen und war umgeben von viel Grün. Heute ist das gesamte Gebäude als Klimt Villa bekannt. Es wurde liebevoll hergerichtet und neben Ausstellungen und Führungen sind vor allem die Konzerte und Lesungen im Freien ein Genuss.

TIPP
Bei einer Führung durch das Atelier kann man sich in Gustav Klimts Zeit zurückversetzen.

Klimt liebte den Garten und ließ ihn Jahr für Jahr von Gärtnern neu bepflanzen. Angeblich war er so stolz darauf, dass er Besucher erst durch sein Blumenmeer führte, bevor er ihnen auch das Atelier und seine Bilder zeigte. Vor allem seine Landschaftsbilder zeugen von der großen Begeisterung des Malers für die Natur. Das Herzstück des Gartens waren Damaszener-Rosen, die hier schon wuchsen, als Klimt einzog. Ein Gartenexperte hat die hübsche Rose nachgezüchtet und dort wieder ausgepflanzt. Sie bekam den Namen „Klimt Villa-Rose“ und duftet ganz wunderbar. Wenige Exemplare sind jedes Jahr zu erwerben.

Im Gartenbereich laden Bänke unter den Bäumen zum Entspannen ein und ein Café an der Seite der Villa wartet auf hungrige Gäste. Dort sitzt man in herrlicher Ruhe, blättert in einem Buch über Klimt und seine Damen und fragt sich vielleicht, wie man selbst auf einem Klimt-Gemälde ausgesehen hätte.

- Klimt Villa, Feldmühlgasse 11, 1130 Wien, Tel. +43 (1) 8 76 11 25
  www.klimtvilla.at
- ÖPNV: Haltestelle Verbindungsbahn oder Unter St. Veit

Sich selbst finden

14 Erkenntnisse im Lebensbaumkreis am Himmel

„Am Himmel“ ist tatsächlich ein Ort in Wien. Natürlich liegt er hoch oben. Die Kuppe eines der Hügel nördlich des Stadtzentrums trägt diesen Namen. Somit ist es nur logisch, dass es auch eine Himmelstraße gibt, die zum „Himmel“ führt. Dort wächst Wein und auch schöne Rosen gedeihen hier prächtig. Wer eine Picknickdecke und ein Buch mitgebracht hat, spaziert noch weiter hinauf, wo eine Liegewiese zum Verweilen einlädt. Lesen, dem Rauschen des Waldes zuhören und das Auge in die Ferne schweifen lassen – das ist der perfekte Platz zum Ausspannen.
Im Glaspavillon Oktogon kümmert sich ein Restaurant um das leibliche Wohl seiner Gäste, die den Blick auf die Weinberge und auf Wien genießen. Vom waldpädagogisch gestalteten Naturspielplatz hört man Kinderlachen. Dort kann man sogar auf einer Waldklangorgel spielen. Auch Eltern und Begleitpersonen kommen auf ihre Kosten: Unweit von hier hat Freiherr von Sothen 1854 anlässlich der Hochzeit von Kaiser Franz Joseph I. mit seiner Elisabeth die Sisi-Kapelle errichten lassen. Es sind nur ein paar Minuten zu Fuß, bis man die strahlend weiße Kapelle mitten im Wald erreicht hat. Das Einzigartige am „Himmel“ ist der Lebensbaumkreis. In einem Durchmesser von etwa 100 Metern wurden Bäume gepflanzt, die im keltischen Baumhoroskop für bestimmte Wochen des Jahres stehen. Vor jedem Baum befindet sich eine Stele mit einem Text zum Baum und zu den Menschen, die in diesem Zeitraum des Jahres geboren wurden. Über eine App kann man sich den Text auch vorlesen lassen. Vor allem an den Wochenenden sind die Bäume gut besucht und die Menschen erfreuen sich an den mystischen Texten ihres Horoskops. Gegen den Uhrzeigersinn ist jedem Geburtsdatum ein eigener Baum zugeordnet – beginnend und endend mit dem Apfelbaum. Die vier Jahreszeitenbäume im Innenkreis sind nur einem einzigen Tag des Jahres zugeteilt – sie gliedern das Jahr in Frühling, Sommer, Herbst und Winter. Fühlt es sich nicht schön an, im Zeichen eines Baumes geboren zu sein?

TIPP

Es lohnt sich, für die Weisheiten der Texte an den Baumstationen etwas Zeit einzuplanen.

- Am Himmel, Himmelstraße 125, 1190 Wien, Tel. +43 (1) 4 06 59 38
www.himmel.at
- ÖPNV: Haltestelle Cobenzl Parkplatz

PAPPEL
PAPPEL

Hofgespräche unter Efeu

15 Entdeckungsreise durch die Blutgassenhöfe

Von der Singerstraße durch den Fähnrichshof kommend, entdecken neugierige Stadterkunder die romantischen Pawlatschenhöfe, die auch von der Blutgasse 3 zugänglich sind. Auch Richtung Grünangergasse könnte man abzweigen, vorbei an einem wild wachsenden Garten. Für einen Moment vergisst man glatt, dass man sich mitten in einer Großstadt befindet.

Eine Pawlatsche – der Begriff stammt aus dem Tschechischen – ist ein offener hölzerner Gang, über den die Wohnung erreicht werden kann. Eine zentrale, meist heute noch enge steinerne Stiege verbindet die Stockwerke miteinander und in jeder Etage führt der Weg zur Wohnung über so einen Korridor. Eine platzsparende und sehr kommunikative Einrichtung, die das Stiegenhaus nach draußen in den Hof verlegt. Früher hängte man quer über den Hof die Wäsche auf, die Kinder spielten draußen und es wurde der neueste Tratsch ausgetauscht. Man kannte einander und jeder wusste über jeden Bescheid.

Unweit von hier, in der Domgasse, hat Wolfgang Amadeus Mozart in einem Haus mit Pawlatschenhof gewohnt, die lebendige Atmosphäre hat ihm sicher gefallen. Heute genießen die Bewohner vor allem die Ruhe dieser Innenhöfe. So romantisch und still wie heute ging es damals wahrscheinlich nicht zu. Das viele Licht und die Luft waren und sind jedenfalls ein großes Glück. Bis in die Biedermeierzeit im frühen 19. Jahrhundert waren diese durch Innenhofbalkone verbundenen Wohneinheiten stark verbreitet. Die besondere Atmosphäre in diesen halb öffentlichen Räumen ist heute noch spürbar.

Das Entdecken solcher versteckten grünen Orte bereitet viel Freude. Die Bäume, Blumen und Efeuranken tun der Seele gut und machen die Innenhöfe zu Erholungsräumen, in denen man aufatmen kann. Verständlich, dass die Bewohner dieser Oasen es schätzen, wenn Spaziergänger sich ruhig verhalten. Dann steht dem Erkunden dieser Welt nichts im Weg. Man findet sie sowohl in der Altstadt, in den kleinen Gassen hinter dem Stephansdom als auch in anderen Bezirken.

TIPP

Gleich um die Ecke kann man in der Domgasse das Mozarthaus besichtigen und die Pawlatschen bestaunen.

- Pawlatschenhof, Blutgasse 3, 1010 Wien
- ÖPNV: Haltestelle Stephansplatz

Unerwartetes Glück

16 Rückzug im Erholungsgebiet Wienerberg

Der Wienerberg ist ein schönes Beispiel für eine gelungene Überraschung. An einer der Haupteinfahrtsstraßen Richtung Zentrum gelegen, verbirgt sich eine völlig unerwartete grüne und erstaunlich ruhige Oase. Sobald man den Eingang zu diesem versteckten Kleinod entdeckt hat, ist man in einer anderen Welt. Vergessen sind die stark befahrene Straße und die modernen Hochhäuser in der Umgebung. Das über 100 Hektar große Landschaftsschutzgebiet und Biotop lockt mit verschlungenen Wegen, weiten Wiesen und einem hübschen großen Teich. Der Wienerberg ist bekannt für seine Ziegeleien. Das erste Privileg zur Ziegelherstellung stammt aus der Zeit Maria Theresias. Später siedelten sich andere Firmen an und das Gebiet wurde zur größten Ziegelproduktionsstätte Europas. Der Teich ist eine alte Aushubstelle für den Lehm, der für die Ziegelherstellung benötigt wurde.

Heute erinnert nichts mehr an die einst industrielle Nutzung. Vielmehr ist das Areal ein Ort der Erholung, den man in diesem Teil Wiens nicht vermuten würde. Hier kann man sorgenfreie Zeit verbringen, mit dem Hund spielen, baden oder einfach runterkommen. Hinter dem Schilf sind kleine Buchten verborgen, wo Hobbyangler ein ruhiges Plätzchen finden und mit Blick auf das Wasser den Moment genießen. Bei einer Spazierrunde um den Teich kommen immer wieder die nahe gelegenen Hochhäuser in den Blick, dennoch fühlt sich die Stadt weit weg an. In den Badebuchten schwimmen auch abends bei Sonnenuntergang noch vergnügt Menschen. Weiter abseits treffen sich die Nudisten, unter Gleichgesinnten wird angeregt geplaudert, Musik gemacht und die Verbundenheit mit der Natur erlebt. Manche der kleinen Uferstellen sind nur durch steile Abstiege erreichbar, das scheint die Romantik für ein Picknick in Zweisamkeit jedoch nur noch zu erhöhen. Besonders gegen Abend hin sind die Sonnenplätze alle besetzt, die goldene Stunde ist wie ein kurzer Urlaub vom Alltag, ein Moment der Vollkommenheit.

TIPP

Im idyllisch am Wasser gelegenen Gastgarten des Traditionslokals „Das Chadim" kann man den Abend genießen.

- Erholungsgebiet Wienerberg, 1100 Wien
- ÖPNV: Haltestelle Otto-Probst-Straße

Pariser Flair in Wien

17 Das Leben genießen in der Servitengasse

Das Servitenviertel wird von den Wienern für sein besonderes Flair geschätzt, eine Wohnung hier ist heiß begehrt. Cremefarbene Jugendstilhäuser mit kleinen Balkonen und verziertem Stuck, Konditoreien und Schanigärten reihen sich in der Servitengasse aneinander. Es liegt der Geruch von süßem Gebäck und frischem Kaffee in der Luft, den der Wind mit sich nimmt und der die ganze Gasse entlangzieht. Ein Ort voller Schätze und Entdeckungen, die zum Verweilen einladen.

Das Viertel ist ein altes Dorf, mit der Servitenkirche und der angebauten Peregrinikapelle im Zentrum. Der barocke Sakralbau stammt aus dem 17. Jahrhundert und war die Ordenskirche der Serviten, bis heute ist er die Pfarrkirche des Bezirksteils mit dem Namen „Rossau". Das Kloster wurde 2009 geschlossen. Kinder spielen auf dem Kirchenplatz Fußball, auf den Bänken unter den Bäumen ruhen diejenigen aus, die eine Pause brauchen oder auf jemanden warten. Nebenan serviert der Servitenwirt traditionelle Küche, im Garten unter zwei Linden sitzt es sich besonders schön. Gegenüber findet man ein weiteres gemütliches Lokal, einen Optiker, eine Konditorei mit herrlichen selbst gemachten Torten und Strudeln, einen Schokoladenladen und ein Restaurant mit Weinbar. Ganz vorne an der Ecke zur Berggasse sollte man unbedingt einen Blick in die französische Bäckerei werfen, deren Interieur noch vom alten Knopf- und Nähzubehörgeschäft stammt.

TIPP

Das Xocolat bietet Schokoladenworkshops an.

Jetzt werden die lauschigen Plätzchen in der verkehrsberuhigten Straße noch schöner. Ein Teil der Servitengasse wird zur Fußgängerzone umgestaltet, sie soll noch grüner werden und konsumfreien Aufenthalt mit Bänken im Freien ermöglichen.

Hat man den Kaffee und ein Stück Kuchen genossen und das entspannte Lebensgefühl in sich aufgesogen, bietet sich noch die Möglichkeit, dem Geist von Sigmund Freud gleich um die Ecke in der Berggasse im Freud Museum nachzuspüren. Der Arzt und Familienvater lebte über 40 Jahre an derselben Adresse, die Wohnung befand sich direkt neben der Praxis.

- Servitengasse, 1090 Wien
- ÖPNV: Haltestelle Schlickgasse

Japanische Harmonie

18 Blütenpracht im Setagayapark

„Furō-mon 不老門“ (zu Deutsch: Tor zur ewigen Jugend, zum Paradies) steht auf einem Steinmonument am Eingang des Parks. Der Setagayapark am Fuß der Hohen Warte ist besonders im Frühling zur Kirschblüte beliebt. Die Besucher fangen dann die schönsten Fotomotive mit der Kamera ein und tummeln sich auf der kleinen Brücke.

Der 4700 Quadratmeter große japanische Garten wurde 1992 anlässlich des Freundschafts- und Kulturabkommens von Döbling, dem 19. Wiener Gemeindebezirk, mit dem Stadtteil Setagaya in Tokio eröffnet. Der Park symbolisiert eine japanische Landschaft, durch die man spazieren soll, um von jedem Ort aus eine neue Perspektive zu erhalten: Unebene Wege bringen einen zu sich selbst zurück, gerade Wege lenken unseren Blick in eine bestimmte Richtung. So ist der Park auch gestaltete fernöstliche Philosophie und nicht nur deshalb ein wahrer Schatz. In der Mitte durchzieht ein Wasserlauf die bunte Oase, der im unteren Teil zu einem kleinen Wasserfall wird, welcher wiederum in einen Teich mündet. Dort sonnen sich Schildkröten auf den Steinen und ein Reiher stakst auf seinen langen Beinen anmutig durch das Wasser. Er ist ein beliebtes Fotomotiv, was ihn nicht zu stören scheint. Koi-Karpfen schwimmen langsam durch den Teich, um sie herum kleine, rot schimmernde Goldfische. Das Plätschern im Hintergrund wirkt beruhigend. Magnolienbäume, japanische Kirschbäume, Zierahorn und viele andere Gehölze schmücken die Anlage. Gewählt wurde eine Mischung aus traditionell japanischen und österreichischen Pflanzen. Beim Flanieren durch den anmutig gestalteten Park trifft man auf Steinskulpturen, Geschenke der Stadt Setagaya.

Auch wenn viele Besucher da sind, verteilen sich diese auf den vielen Ebenen und den überdachten und im Freien gelegenen Sitzmöglichkeiten. So findet man trotz allem seinen persönlichen Lieblingsort. Auch vom Teehaus aus hat man einen schönen Blick auf die gesamte Anlage. Ein paarmal im Jahr werden hier traditionelle Teezeremonien abgehalten.

TIPP

Am besten im Frühjahr besuchen, wenn Magnolien, Flieder und die japanischen Kirschbäume blühen.

- Setagayapark, Gallmeyergasse 4, 1190 Wien
- ÖPNV: Haltestelle Barawitzkagasse

Chillen am Kanal

19 Buntes Sommertreiben am Donaukanal

Einer der vielen Arme der Donau floss schon zu Zeiten der Römer dort, wo heute der Donaukanal an Wiens Innenstadt vorbeiströmt. Später wurde er reguliert und über große Streckenabschnitte in ein gemauertes Bett gelenkt. Der Fluss beginnt majestätisch beim Nussdorfer Wehr, wo zwei mächtige Löwenfiguren über ihn wachen. Von Wiesen gesäumt, zieht er sich als Band durch die Stadt. Stark frequentiert von Radfahrern, die den durchgehenden Weg – über viele Kilometer hinweg ohne Ampeln – sehr schätzen. Spaziergänger sind unterwegs, genauso wie Sonnenbader und Jogger. Menschen in Ausgehlaune flanieren von Mai bis September zur Summerstage und den vielen anderen Bars entlang des Kanals.

Herrmanns Strandbar bei der Urania war die erste, die den Wienern Meerfeeling mit Liegestühlen und Sandstrand direkt vor der Haustür präsentierte. Zur Begeisterung aller folgten weitere Lokale, sodass während der Sommermonate eine sehr entspannte bunte Flaniermeile entstand. Das Badeschiff hat dauerhaft angelegt und bietet neben Cocktails auch ein Schwimmbad für den Sprung ins kühle Nass. Vor den mit Graffiti besprühten Wänden finden Hobbygärtner beim Urban Gardening Gleichgesinnte und einen grünen Ort für Begegnung und Kreativität. Seit über 20 Jahren werden hier Hochbeete bepflanzt, gemeinsam wird ein Ökosystem geschaffen, das Menschen wie Bienen, Vögeln und Insekten Lebens- und Erholungsraum ist. Die Graffitikünstler haben entlang der gekennzeichneten Betonwände die Erlaubnis der Stadt, sich kreativ auszuleben. An vielen Sommerabenden wird zu südamerikanischen Rhythmen getanzt. Alle sind eingeladen, mitzumachen oder zuzusehen und sich von der Leichtigkeit des Moments tragen zu lassen. Weiter flussabwärts wird es deutlich ruhiger, Krähen bauen ihre Nester in den Kronen der Platanen und Biber bringen mit ihrer unbeirrten Nagearbeit selbst stärkere Bäume zu Fall. Das Grün wird üppiger und die Straße ist kaum mehr erkennbar. Nach 17,3 Kilometern mündet der Donaukanal am Praterspitz in die Donau.

TIPP

Mit dem Twin City Liner startet man ab Schwedenplatz zu einem Tagesausflug nach Bratislava.

- Donaukanal, Schwedenplatz, 1010 Wien
- ÖPNV: Haltestelle Schwedenplatz, Schottenring oder Roßauer Lände

BADE
SCHIFF
Fräuleins
HABAU
GROUP

Rosenduft ist Poesie

20 Im Volksgarten Hunderte Rosensorten bestaunen

Manche Orte sind überwältigend schön und berühren einen. Der Rosengarten im Wiener Volksgarten an der Ringstraße ist so ein Ort. Hunderte verschiedene Rosenbäumchen sprießen entlang der mit Gartenstühlen gesäumten Wege. Während der Blütezeit ist es fast unmöglich, einfach nur an ihnen vorbeizugehen, ohne stehen zu bleiben, ihren Duft zu genießen und ihre Blüten zu bewundern. Wäre das nicht schon genug der Freude, kommen noch die Widmungen hinzu. Jede Rose trägt ein Täfelchen, das entweder mit einer Liebeserklärung, einem Hochzeitsdatum, dem Namen eines geliebten Menschen oder einem Gedicht bedruckt ist. Der Fantasie sind keine Grenzen gesetzt. Oft dauert ein Spaziergang im Volksgarten ein bisschen länger, zumindest ein paar der herzerwärmenden Sätze möchte man lesen. Wer inspiriert ist, selbst eine Widmung zu verfassen, wendet sich an die Bundesgärten, die das Projekt betreuen.

TIPP
Am schönsten ist die Blütenpracht im Mai und Juni.

Da der Garten direkt an der Ringstraße liegt, genießt man von hier aus die schönsten Blickachsen zum Rathaus, zum Burgtheater und zu den Kuppeln der Museen. Direkt neben den Rosen, inmitten eines Blumenmeers, steht der Theseustempel mit der Statue eines schönen Jünglings davor. Auch hier sind die Parkbänke dicht besetzt, alle möchten ihre Pause vom Alltag oder von der Stadtbesichtigung in diesem zauberhaften Ambiente verbringen. Richtung Heldenplatz führt der Weg zum Springbrunnen, der freudig von Enten bevölkert ist. Kleine Treppchen erleichtern ihnen den Zugang. Hier kann man sich gut eine Mußestunde gönnen und die Leichtigkeit des Plätscherns in sich aufnehmen.

Wer neugierig ist, wo der berühmten Kaiserin Elisabeth, besser bekannt als Sisi, ein Denkmal gesetzt wurde, macht sich auf in eine versteckte Ecke des Gartens Richtung Burgtheater. Eine Allee von Lindenbäumen führt direkt zur weißen Figur. Da die Kaiserin die Öffentlichkeit gemieden hat und am liebsten mit ihren Hunden und Pferden in der Natur unterwegs war, ist der zauberhafte Ort durchaus passend gewählt.

- Volksgarten, 1010 Wien
- ÖPNV: Haltestelle Parlament

Im Garten der Clementine

21

Genuss im Grünen auf der Coburgbastei

Hin und wieder ist es an der Zeit, sich etwas Besonderes zu gönnen und sich verwöhnen zu lassen. Im Basteigarten auf der alten Stadtbefestigung versteckt sich eine grüne Stadtoase und lädt zum süßen Nichtstun ein. Sind die Stufen erst einmal erklommen oder hat der Aufzug einen bequem nach oben gebracht, fällt alle Hektik des Alltags ab. Magnolien, Blumen und Platanen heißen einen bei Clementine im Glashaus willkommen. Drinnen und draußen ist man von Pflanzen umgeben, ob Morgensonne oder Sternenhimmel am Abend, sogleich breitet sich Leichtigkeit im Herzen aus.

Die französische Königstochter Clementine von Orléans und August von Sachsen-Coburg und Gotha waren ab 1850 die ersten Bewohner des Palais. Seit Napoleon die Stadt eingenommen hatte, war den Wienern klar, dass ihre Stadtmauern nicht mehr von Nutzen waren. Man begann, auf der breiten Befestigungsanlage hübsche Gärten und Spazierwege anzulegen und in der guten Luft zu flanieren.

Der Garten vor dem eleganten Palais Coburg ist ein Beispiel für solch grüne Oasen. Kaiser Franz Joseph ließ die Befestigungsanlagen ab 1857 schleifen, nur ausgewählte Teile wie hier beim Palais Coburg durften stehen bleiben. Das aufwendig renovierte Gebäude beherbergt heute ein Fünfsternehotel und nennt in den alten Hallen und Gängen der Stadtmauer einen der bestbestückten Weinkeller der Welt sein Eigen. Wer nach einem Stadtbummel einen feinen, kleinen Ruheort mit ausgezeichneter Küche sucht, der ist im Bistro-Restaurant Clementine genau richtig. Vom geschmackvoll arrangierten Frühstück über Mittagessen, Kaffee und köstliche Kuchen am Nachmittag bis zum genussvollen Ausklang des Tages beim Abendessen kümmert man sich hier aufmerksam um die Gäste. Die einzige Konkurrenz ist ein Entenpaar, das im Wasserbecken seine Kreise zieht. An lauen Sommerabenden geben die in den Baumkronen wohnenden Zikaden ein mediterranes Konzert. Wie schön kann es sein, einfach loszulassen, den Moment zu genießen und die Fülle des Lebens zu spüren.

TIPP

Es gibt Weinkellerführungen durch die alten Basteihallen, wo wahre Schätze verborgen liegen.

- Palais Coburg Residenz mit Bistro-Restaurant Clementine im Glashaus, Coburgbastei 4, 1010 Wien, Tel. +43 (1) 518 18-1 30 www.palais-coburg.com
- ÖPNV: Haltestelle Weihburggasse oder Stubentor

Natur und Kunst vereint

22 Grüne Harmonie am Maria-Theresien-Platz

Auf den Grünflächen dieses bekannten Wiener Platzes suchen vom Sightseeing müde Touristen Erholung und bestaunen von der Wiese aus die majestätische Kulisse. Der Maria-Theresien-Platz befindet sich an der Ringstraße und wurde im Zuge des Ringstraßenbaus zwischen den beiden berühmten kaiserlichen Museen, dem Naturhistorischen und dem Kunsthistorischen Museum, geschaffen. Ein in vier Kreise geteiltes grünes Rasenornament umringt das Denkmal für die einzige Frau, die jemals den habsburgischen Thron bestieg. Der Platz entspricht ganz den Prinzipien eines französischen, aus geometrischen Formen bestehenden Gartens. Eine Mode, die zu Maria Theresia passte, lebte sie doch im 18. Jahrhundert und ließ ihre Gärten ebenso symmetrisch auf einen Blickpunkt zulaufend gliedern.

TIPP
Bei einem Besuch im Naturhistorischen Museum kommt man den Geheimnissen der Natur auf die Spur.

Anlässlich ihres 300. Geburtstags im Jahr 2017 wurden zu Ehren der ehemaligen Regentin Blumenbeete rund um das Denkmal angelegt, die seither geblieben sind und jedes Jahr neu bepflanzt werden. Sie lockern den sonst so streng wirkenden Platz freundlich auf. Wer genau hinschaut und Zeit zum Umrunden des Sockels hat, findet dort den 6-jährigen Wolfgang Amadeus Mozart an der Seite von Joseph Haydn. Im Zentrum der Rasenflächen sind Brunnen mit Meeresgöttern und Nymphen inmitten der Bassins platziert. Auf Bänken kann man sich vom wohltuenden Plätschern des Wassers unterhalten lassen.

Ein grüner Ort im weitesten Sinne ist das Naturhistorische Museum links vom Denkmal. Die Kuppel des Gebäudes wird von den vier Elementen Feuer, Wasser, Erde und Luft getragen, obendrauf steht der Sonnengott Helios. Ohne ihn würde nichts wachsen und gedeihen. Forscher und Entdecker zieren als Statuen die Fassade. Ein Großteil der Sammlung geht auf Maria Theresias Gemahl zurück. Kaiser Franz I. Stephan war fasziniert von der Erforschung der Natur und sammelte naturwissenschaftliche Objekte. Er gründete den Tiergarten in Schönbrunn im Jahre 1752, bis heute ist er der älteste noch erhaltene Zoo der Welt.

- Maria-Theresien-Platz, 1010 Wien
- ÖPNV: Haltestelle Burgring oder Ring/Volkstheater

Oase im Herzen der Stadt

23 Die Innenhöfe des Deutschen Ordens

Oft wird ein Wagnis mit einer Überraschung belohnt. Beim Deutschen Orden in der Wiener Altstadt sind es sogar mehrere. Wien-Entdecker haben die größte Freude, wenn sie neugierig genug waren, durch den dunklen Eingang über das alte Kopfsteinpflaster aus Eichenholz zu gehen – angezogen vom Licht und vom Grün, das vielversprechend durch die Tür zum Innenhof schimmert. Wenn man dann die liebevoll gepflegten Hortensien in den verschiedensten Farben leuchten sieht, geht einem das Herz auf.

Nur einen Steinwurf vom oft hektischen und lauten Stephansplatz entfernt lädt hier die Stille inmitten der Blumen zum Verweilen und Staunen ein. Für Besucher stehen eine Bank und ein paar Stühle bereit. Kaum sitzt man und lässt die Augen entspannt wandern, wird dieser Moment mit einem der schönsten Blicke auf den Südturm des Stephansdoms honoriert. Seit über 200 Jahren hat der Deutsche Orden seinen Hauptsitz in der Wiener Altstadt.

TIPP

Die prunkvolle Schatzkammer und die kleine Kirche sind einen Besuch wert.

Wer abends in den Innenhof kommt, den überraschen feine musikalische Klänge von Mozart und Haydn aus der Sala Terrena. Die ebenerdigen Fenster dieses kleinen, vielleicht kleinsten Konzertsaals von Wien gehen in diesen verzauberten Hof hinaus. Ein Streichquartett erfreut hier von Donnerstag bis Sonntag jeden Abend die Ohren und Herzen der Konzertbesucher. Und die Menschen draußen auf der Bank. Sogar Mozart hat ein paar Monate im Deutschordenshaus gewohnt und ist auch in der Sala Terrena aufgetreten.

Wenn man sich zum Weitergehen entschließt, wird man im zweiten Hof vom alles überwuchernden Wein und von einem versteckten Gastgarten empfangen. Das Haas & Haas Teehaus verwöhnt seine Gäste hier unter einer weiten Markise mit seinen Köstlichkeiten. Durch einen kleinen Verbindungsgang würde es direkt hinaus auf den Stephansplatz gehen. Doch ist vielleicht noch ein wenig Zeit, hier bei einem Tee oder einer Wiener Melange unter den Weinranken zu sitzen und den Moment inmitten des Grüns und des Geplauders an den umliegenden Tischen zu genießen.

- Deutscher Orden, Singerstraße 7, 1010 Wien
- Haas & Haas Teehaus, Stephansplatz 4, 1010 Wien, Tel. +43 (1) 512 26 66 www.haas-haas.at
- ÖPNV: Haltestelle Stephansplatz

Auszeit im Wienerwald

24 Den Alltag hinter sich lassen am Hanslteich

Schon die Anfahrt über die Höhenstraße durch den Wienerwald wirkt entschleunigend, wenn das Ziel näher rückt. Am Hanslteich liegt das Restaurant Klee, wo man entspannt am ruhigen Wasser sitzt und bei einer Tasse Kaffee und einem Stück Kuchen oder einem gemütlichen Essen Enten und Graureiher beobachten kann. Die regenfeste Überdachung durch die Holzmarkise ermöglicht längeres Sitzen am Abend schon im Frühjahr und bis in den Spätherbst hinein. Der Teich ist auch ohne Restaurantbesuch erreichbar. Ein kleiner Spaziergang um die Wasserfläche tut immer gut. Wer weiß, was es am Ufer noch zu entdecken gibt?

Kulinarische Verpflegung am Hanslteich hat eine lange Tradition. Schon vor über 100 Jahren wurden hier Wanderer versorgt. Ursprünglich war er als Eisteich angelegt worden. Frau Hansen hatte das Privileg, Eisblöcke zu stechen und zu veräußern. Diese wurden in Kühlhäusern gelagert und an Privatpersonen und Restaurants verkauft. Fast jedes Wiener Haus besaß einen Eiskeller, in dem man die Eisblöcke stapelte, wodurch man auch im Sommer eine Kühlmöglichkeit hatte.

Die ursprüngliche Verpflegungsstation und das Einkehrgasthaus für Wanderer haben viele Umgestaltungen erfahren. Aktuell findet man mit dem Klee am Hanslteich ein modernes, schönes Lokal, in dem alle Gäste willkommen sind. Als Ausgangs- oder Endpunkt für Wanderungen durch den Wienerwald bietet sich die versteckte grüne Oase immer noch an. Dass es den Wienerwald in seiner enormen Ausdehnung von 1000 Quadratkilometern überhaupt noch gibt, verdanken wir Josef Schöffel. Der mutige Mann kämpfte vor über 100 Jahren gegen den Verkauf und die industrielle Abholzung der Waldgebiete und ging dafür sogar vor Gericht. Schließlich hatte er so viele Menschen von der notwendigen Rettung des Wienerwalds überzeugt, dass eine Schutzzone eingerichtet wurde. Der Biosphärenpark Wienerwald steht heute allen zur Verfügung, um neue Kraft zu sammeln und bei einer belebenden Wanderung die Verbundenheit mit der Natur zu spüren.

TIPP

Einen Tisch direkt am Wasser reservieren und sich kulinarisch verwöhnen lassen.

- Restaurant Klee am Hanslteich, Amundsenstraße 10, 1170 Wien, Tel. +43 (1) 4 80 51 50, www.klee.wien
- ÖPNV: Haltestelle Hanslteich

Studierpause im Grünen

25 Abschalten im Arkadenhof der Universität Wien

Im Arkadenhof lässt es sich gut Luft schnappen, und es schadet ja auch nicht, dem Gehirn ab und zu eine Pause zu gönnen. Die Studierenden verbringen hier die Zeiten zwischen den Vorlesungen und schauen vorbei, wenn die Köpfe in der Universitätsbibliothek zu rauchen beginnen. Auf der grünen Wiese im Zentrum des Innenhofs stehen Liegestühle bereit.

Inspiration kann man sich auch bei einem Rundgang unter den Arkaden holen, über 130 Büsten erinnern an die Professoren und Lehrenden der Universität. Sigmund Freud und Erwin Schrödinger sind die berühmtesten in diesem ursprünglich nur Herren vorbehaltenen Reigen. Die Ausnahme ist eine Tafel für eine Frau: Marie von Ebner-Eschenbach. Die Schriftstellerin hat hier tatsächlich auch einen Platz gefunden. Dieses Ungleichgewicht aufgreifend, erhebt sich am Boden in der Mitte des Hofes die Muse, der es reicht. Ein Projekt von Iris Andraschek, angelehnt an die Muse Kallisto, die als Statue im Zentrum ruht und Inspiration für die Wissenschaftler sein soll. Sie hebt die Hand zum Kampf für Gleichberechtigung. Mittlerweile wurden auch für einige Wissenschaftlerinnen Büsten errichtet. Sie sind aus einem anderen Material gefertigt, viele sind transparent, weil Frauen im akademischen Bereich lange übersehen wurden.

TIPP
Bei einem Blick in die Bibliothek kann man studentisches Flair schnuppern.

Die Universität Wien wurde 1365 gegründet und war nach Prag die zweite im damaligen deutschsprachigen Raum. Das heutige Hauptgebäude und der Hof sind einem italienischen Renaissance-Palazzo nachempfunden und stammen aus der Zeit um 1880, als die Ringstraße in Wien gebaut wurde. Mit diesem Stil wird der Renaissance als Hochblüte der Wissenschaften und Künste gehuldigt.

Mit einem Kaffee von der mobilen Cafeteria in der Hand kann man hier den Moment genießen, in das angenehme Treiben im Hof eintauchen und die Gedanken fliegen lassen. Oft kommen die besten Einfälle ja im Gespräch und scheinbar nebenbei. Jedenfalls ist dieser Arkadenhof ein wunderbarer Erholungsraum und vielleicht genau der richtige Ort für glückliche Eingebungen.

- Arkadenhof der Universität Wien, Universitätsring 1, 1010 Wien
- ÖPNV: Haltestelle Schottentor/Universität

Kaiserlicher Sommer

26 Lustwandeln im Schlossgarten Schönbrunn

Das ehemalige Sommerschloss Schönbrunn bezaubert im untertags frei zugänglichen Garten mit unzähligen kleinen und großen Erholungsplätzen. Touristen versuchen, den beeindruckenden Neptunbrunnen und das gegenüberliegende Schloss auf Fotos festzuhalten, Wienerinnen spazieren in den versteckten Nebengässchen der akkurat geometrisch angelegten grünen Buschalleen auf der Suche nach einer ruhigen Bank. Sobald man gemütlich sitzt, lässt man die Seele baumeln, beobachtet vorbeigehende Menschen und umherhüpfende Eichhörnchen. Letztere sind an die vielen Besucher gewöhnt und kokettieren mit ihnen, wenn sie eine kurze Pause einlegen, bevor sie weiter über den Kies zum nächsten Baum huschen. Das Areal des Schönbrunner Schlossgartens ist weitläufig, insgesamt etwa 1 Hektar groß, und bietet für alle Besucher Platz und unterschiedliche Möglichkeiten, den Aufenthalt zu genießen.

TIPP

Gartenfans seien der Kronprinzengarten und der Orangeriegarten ans Herz gelegt.

Es gibt Kartenspielplätze hinter grünen Hecken, Kinder lieben den Irrgarten, Entdecker machen sich auf die Suche nach dem Schönen Brunnen, der dem Schloss seinen Namen gab und bis heute existiert. Um die Quelle, die Kaiser Matthias gefunden hatte, wurde ein Brunnenhaus mit einer Frauenfigur gebaut. Zu Monarchiezeiten stand hier ein Wachsoldat, der den Spaziergängern Schönbrunner Wasser ausschenkte. Wer bis an die äußeren Ecken des Gartens unterhalb des Hügels geht, findet weitere barocke Gartenelemente. Die Must-haves der Zeit waren unter anderem die Römischen Ruinen und ein Obelisk, der sich genau auf der Hauptsichtachse des Schlosses befindet. Das direkt vor dem Schloss angelegte Blumenparterre wird jedes Jahr in abgestimmten Farbkombinationen und mit geometrischen Ornamenten bepflanzt. Ergänzt werden die Kunstwerke durch Zitrusbäumchen und Palmen aus der Orangerie. Diese etwas empfindlicheren Gewächse werden im Herbst wieder zurück ins Glashaus gebracht, wo sie vor der Kälte geschützt überwintern.

Um den Garten in voller Pracht zu erleben, empfiehlt sich ein Besuch ab Mitte Mai bis Ende September.

● Schlossgarten Schönbrunn, Schönbrunner Schloßstraße 47, 1130 Wien, Tel. +43 (1) 81 11 30, www.schoenbrunn.at

● ÖPNV: Haltestelle Schönbrunn

Auf Entdeckungsfahrt

27 Mit der Liliputbahn durch den grünen Prater

Ein besonderes Erlebnis für Jung und Alt und vor allem für Eisenbahnfans wartet im Wiener Prater. Die Liliputbahn aus dem Jahr 1928 gehört zu den ältesten Betrieben des Vergnügungsparks. Sie verbindet die beiden Teile des ehemaligen habsburgischen Jagdgebiets: den Rummel und den viel größeren Freizeit- und Sportbereich des Praters. Insgesamt ist das Areal 6 Quadratkilometer groß und beherbergt Picknickwiesen, Wälder und Auen, einen Golfplatz, ein öffentliches Schwimmbad, diverse Sportanlagen, Stallungen und eben die Fahrgeschäfte des Vergnügungsparks. Vom historischen Riesenrad über Kettenkarusselle, Autodrom und Toboggan, Geisterbahn und Hochschaubahn ist hier alles dabei, was die Herzen höherschlagen lässt.

Wer ein Gefühl für den ruhigeren grünen Teil bekommen möchte, steigt in die Liliputbahn und lässt sich im Miniaturwaggon auf etwa 4 Kilometern durch den Prater fahren. Die Stationen Stadion und Rotunde bieten die Möglichkeit, auszusteigen, ein Stück zu Fuß durch Wiesen und Wälder zu streifen oder sich gemütlich auf eine Bank zu setzen. Wer die Bahn an der Rotunde verlässt, ist gleich am Heustadelwasser, einem weitgehend naturbelassenen Altarm der Donau. Der Spazierweg mitten im Grünen in der erholsamen Stille lässt einen die Großstadt und den mitunter recht lauten Freizeitpark völlig vergessen. Hier ist man zu Gast bei Enten, Krähen und Eichhörnchen.

TIPP

Unterwegs an einer der Haltestellen aussteigen und durch den grünen Prater spazieren.

Nach der Pause im Grünen bringt einen die Liliputbahn zurück zum Ausgangspunkt. Mit ein bisschen Glück erwischt man eine andere Lok als bei der Hinfahrt. Am Wochenende sind die beiden historischen Miniaturdampfloks die große Sensation. Wie in alten Zeiten geht es fröhlich durch den Wald. Wochentags sind die schon ins Oldtimer-Alter gekommenen Diesselloks aus den 1950er- und 60er-Jahren im Einsatz. Nach einer Gesamtfahrzeit von circa 20 Minuten fährt die Bahn gemächlich im Hauptbahnhof ein und es heißt aussteigen. Nicht selten bleiben einige Fahrgäste sitzen und hängen eine zweite Runde dran. Weil es so schön ist!

- Liliputbahn im Prater GesmbH, Prater 99, 1020 Wien
  www.liliswelt.at
- ÖPNV: Haltestelle Praterstern

Mitten in der Natur sein

28 Romantische Villenruine im Dehnepark

Der etwa 50.000 Quadratmeter große Park im Westen der Stadt ist ein Geheimtipp. Zuletzt im Besitz des Filmregisseurs Willy Forst, wurde er von der Stadt Wien angekauft und Anfang der 1970er-Jahre für die Bevölkerung zugänglich gemacht. Entlang der Spazierwege durch Wiesen mit Obstbäumen wurden Parkbänke errichtet, die im hohen Gras verteilt sind und von denen jede eine grüne Welt für sich ist. Wer weitergeht, entdeckt die Ruinenvilla.

Um 1800 ließ man das Mittelalter wieder aufleben. Im Wienerwald entstanden auf vielen Hügelkuppen sogenannte romantische Ruinen, zu denen die Menschen in ihrer wenigen Freizeit spazierten. Zu den Anhängerinnen der Ruinen-Romantik gehörte auch Fürstin Maria Antoine Paar. Ihr Landschaftsgärtner versah den Park mit biedermeierlich-romantischen Elementen. Später kaufte der bekannte Wiener Zuckerbäcker August Dehne den Park. Den Namen von Dehnes erstem Gesellen kennen Einheimische und Gäste bis heute. Er übernahm die Konditorei von seinem Chef und machte sie unter seinem Namen „Christoph Demel" weltberühmt. Bis heute stehen die Menschen vor der K. u. K. Hofzuckerbäckerei Demel Schlange und freuen sich auf Apfelstrudel und Kaiserschmarrn.

TIPP
Am Waldspielplatz Zeit verbringen, egal, wie alt man ist.

Der Park wird seitlich vom Rosenbach durchflossen. Am aufgestauten Dehneteich mitten im Wald wurde eine stille Oase geschaffen, eine Bank lädt zum Sitzen ein. Die Sonne strahlt durch die Bäume und auf der Wasseroberfläche glitzert es magisch. Im Frühjahr gibt es hier ein besonderes Naturschauspiel zu bewundern: Es ist die Zeit der Krötenwanderung. Die Rotwangen-Schmuckschildkröte ist hier heimisch geworden.

Bei allen Generationen beliebt ist der großzügig angelegte Waldspielplatz. Der Schatten der alten Bäume sichert auch im Hochsommer diesen Familienglücksort im Grünen: Schaukeln, klettern, rutschen und balancieren machen hier besonders viel Spaß. Die Kühle des Waldes ist erfrischend und auf den Holzbänken kann man sich ausruhen oder mit einem mitgebrachten Picknick stärken.

- Dehnepark, 1140 Wien
- ÖPNV: Haltestelle Rosentalgasse

Grüne Inseln in der Stadt

29 Erholsamer Aufenthalt am Neuen Markt

Wien ist eine grüne Stadt, 50 Prozent der Fläche sind Gärten, Parks und Wälder, die einen erheblichen Beitrag zur Lebensqualität in der Zwei-Millionen-Metropole leisten. Dennoch sucht man direkt in der Altstadt meist vergeblich nach etwas Grün. Die historischen Straßen und Plätze sind durchgehend gepflastert und reflektieren dementsprechend stark die Hitze. Die Stadt Wien versucht, mit „coolen" Plätzen und Gassen gegenzusteuern.

So wurden am Neuen Markt Blumenbeete, Sträucher und kleine Bäume gepflanzt. Palmen sorgen für zusätzliche Sommeratmosphäre. Außerdem gibt es Nebelduschen, die eine erfrischende Abkühlung bieten. Die Begrünung am Neuen Markt war Teil des Bauprojekts einer Tiefgarage. Nach jahrzehntelangem Tauziehen wurde sie 2022 fertiggestellt. Der zentral gelegene Platz, in dessen Zentrum seit fast 300 Jahren der Donnerbrunnen steht, wurde neu gestaltet. Mit der hoch oben thronenden Göttin der Vorsehung und den hübsch anzusehenden Flussgottheiten am Brunnenrand erfreut er jetzt wieder die Menschen. Eine der männlichen Figuren scheint besonders beliebt zu sein. Seine perfekt geformte bronzene Pobacke wird mehrmals täglich von Touristen gestreichelt, sodass sie blank glänzt. Offensichtlich ein beliebtes Fotomotiv.

TIPP

Die Kapuzinerkirche und die Kaisergruft sind sehenswert.

All das kann man von den Sitzbänken, die um die grünen Inseln gruppiert sind, beobachten. Selten findet man in der Altstadt so viele Möglichkeiten zum Verweilen, um dem bunten Treiben in Ruhe zuzusehen oder sich nach einem Stadtbummel auszuruhen. So ist hier ein ganz besonderes Flair entstanden. Seit der Umgestaltung ist der Autoverkehr auf ein Minimum reduziert und die Gastgärten der Restaurants und Cafés haben richtig viel Platz bekommen. Bei Schönwetter sind alle Tische besetzt und es herrscht eine fast südliche Atmosphäre. Wer mag, hört mit einem Ohr von der Bank aus den Stadtführern zu und erfährt, dass unterirdisch nicht nur Autos parken, sondern auch die 150 Särge der Habsburger in der Kapuzinergruft liegen.

- Neuer Markt, 1010 Wien
- ÖPNV: Haltestelle Stephansplatz

NEU RENOVIERT

Gemeinsam am Tisch sitzen

30 Grünräume Sigmund-Freud- und Votivpark

Betritt man den Votivpark vom Rooseveltplatz aus, wird der Blick sofort auf das Vivaldidenkmal gelenkt: Drei an Streichinstrumenten musizierende Frauenfiguren symbolisieren das Zusammenarbeiten über Grenzen hinweg. Ein Gedanke, der einen positiv gestimmt weitergehen lässt. Der Bau der neugotischen Votivkirche wurde übrigens von den Habsburgern initiiert, zum Dank nach einem missglückten Attentat auf den jungen Kaiser Franz Joseph I. Die Nachwelt ist froh um den Park, der um die Kirche herum angelegt wurde.

Um in den gegenüberliegenden Sigmund-Freud-Park zu gelangen, überquert man die Straße und freut sich, wieder im Grünen zu sein. Der Gründer der Psychoanalyse lebte und arbeitete unweit von hier in der Berggasse. Im nach ihm benannten Park stellt das Stadtgartenamt Liegestühle zur Verfügung. Eine grandiose Idee, die nicht nur Studierende der umliegenden Universitätsinstitute schätzen, die hier ihre Lernpausen verbringen. Die beiden Parks sind eigentlich große Verkehrsinseln. Gerade deshalb sind die grünen Oasen ein wahres Geschenk. Hecken, Sträucher und Bäume schaffen eine angenehme Atmosphäre und schirmen die Wiesen ab. 1997 pflanzte die Europäische Union einen Baumkreis im Sigmund-Freud-Park und beging damit den 40. Jahrestag ihrer Gründung. Anlässlich der EU-Erweiterung 2004 wurde die Mitte des Baumkreises mit einem Granittisch und zehn Sitzgelegenheiten für die neuen EU-Mitglieder ergänzt. Der Tisch steht für gelebten Dialog und lädt zum Innehalten ein. Folgende Bäume stehen für die EU-Länder und symbolisieren Völkerverständigung: Frankreich – Scheinakazie, Griechenland – Zierapfel, Spanien – Nussbaum, Finnland – Birke, Italien – Esche, Deutschland – Eiche, Niederlande – Birke, Dänemark – Roteiche, Schweden – Eberesche, Vereinigtes Königreich – Rotbuche, Belgien – Pappel, Portugal – Eiche, Luxemburg – Eiche, Irland – Esche, Österreich – Linde. Eine schöne Geste, von der man hofft, dass sie täglich mehr Wirklichkeit wird.

TIPP

In der Votivkirche gibt es immer wieder tolle Ausstellungen.

- Sigmund-Freud- und Votivpark, 1090 Wien
- ÖPNV: Haltestelle Schottentor

SLOWENIEN
SLOWAKEI

Friedvoller Lebensraum

31 Zuversicht finden im Park der Ruhe und Kraft

Ruhe finden und Kraft tanken, das tut in vielen Lebenslagen gut. Etwas versteckt auf dem Areal des Zentralfriedhofs gelegen, bietet ein Besuch im Park der Ruhe und Kraft genau diese Möglichkeit. Beim Spazieren durch den interkonfessionellen Friedhof gelangt man in der Nähe von Tor 3 zu einem Schild und einem symbolischen Eingang zwischen den Bäumen. Auf einer grünen Wiese, die von einer Hecke umgeben ist, warten verschiedene Stationen, an denen Menschen mit den heilsamen und erdenden Kräften der Natur in Kontakt treten, ihre Sorgen abladen und ihre Trauer verarbeiten können. Nach geomantischen Prinzipien in fünf Bereichen angelegt, sind Besucher eingeladen, ein Labyrinth abzugehen, die Magie von Menhiren zu spüren oder auf dem Grundriss einer Kathedrale Ruhe zu tanken. Hier kann man die Einheit und Vollkommenheit der Natur und die Kraft der Steine und Bäume erleben. Rituale zum Auftanken und Loslassen sind eine Möglichkeit, sich wieder dem Fluss des Lebens anzuvertrauen.

TIPP

Den wunderschönen Sternenhimmel in der Jugendstil-Friedhofskirche sollte man nicht versäumen.

Besonders an warmen Sommertagen huschen Feldhamster aus ihren unterirdischen Gängen. Die kleinen putzigen Tiere sind ein herzerwärmender Anblick zwischen den besinnlichen Stationen. Unter Tierfotografen scheint es sich herumgesprochen zu haben, dass hier Feldhamster in großer Anzahl zu sehen sind. Das erklärt die vielen in der Wiese liegenden Menschen, die still eine Kamera in der Hand halten.

In den entlegeneren Teilen von Europas zweitgrößtem Friedhof gibt es viel unberührte Natur zu bestaunen. Dort treffen sich Hasen und zu späterer Stunde auch Füchse. Über die reiche Tierwelt in diesem Lebensraum wurden viele Dokumentationen gedreht, in denen Baummarder, Störche, Turmfalken und das Wiener Nachtpfauenauge vorkommen. Unter den etwa 15.000 Bäumen und rund 40 Kilometern Hecke sind die Feldhamster gemeinsam mit Igeln unterwegs und finden geschützte Plätze unter Laubhaufen. Wer durch den alten jüdischen Friedhof streift, wird regelmäßig von Rehen überrascht, die zwischen Fliederbüschen hervorspazieren.

- Park der Ruhe und Kraft auf dem Wiener Zentralfriedhof, Simmeringer Hauptstraße 234, 1110 Wien
- ÖPNV: Haltestelle Zentralfriedhof 2. Tor

Natürlich im Fluss

32 Spazieren und Rad fahren entlang der Wien

Der Wienfluss war schon vor der Stadt da und hat ihr vielleicht auch den Namen gegeben. Er entspringt im westlichen Wienerwald und durchfließt Wien teilweise überbaut, bis er in den Donaukanal mündet. Wenn man auf der Terrasse des Cafés in der Urania sitzt, kann man sich dieses Spektakel ansehen. Oder von Herrmanns Strandbar entspannt aus dem Liegestuhl. Den meisten Wienern fällt ihr namensgebender Fluss kaum auf. Mehr als Bach fließt die einst reißende Wien leise in die Stadt. Im 19. Jahrhundert erhielt sie ein scheinbar überdimensioniertes Flussbett aus Beton. Das Geheimnis des Wienflusses ist sein rasantes Anschwellen, wenn es einige Tage stark regnet. Dann füllt er sein Bett schneller auf, als man denkt, deshalb gibt es auch eine Art Alarmanlage für Radfahrer und Spaziergänger, die gerade entlang der Wien unterwegs sind.

TIPP

Der Wienfluss-Weg führt bis ins benachbarte Niederösterreich.

Besonders erholsam ist der grüne und großteils renaturierte Abschnitt des Flusses. 2013 wurde die Rückführung in einen natürlichen Flusslauf mit Ufer begonnen und parallel dazu der Wienfluss-Weg auf insgesamt 6 Kilometern von Mauerbach bis Hietzing angelegt. Marschiert oder radelt man von Hietzing stadtauswärts, sind die Bedingungen bis Hütteldorf noch urban, teilweise führt der Weg an den hohen Wänden des Flussbettes entlang. Stadtauswärts wird es langsam grüner, dann bis Mauerbach richtig idyllisch. Am Ufer wachsen Sträucher und Stauden, kleine Fische und Krebse tummeln sich im klaren Wasser und Vögel freuen sich über die zurückkommende Natur. Am Bach entlangzugehen ist wie frische Kraft zu sammeln, und das Plätschern des Wassers hat eine beruhigende Wirkung. Wie wohltuend, dass dieser Lebensraum wieder näher an seinen natürlichen Zustand gebracht wurde.

Direkt in der Stadt, wo eine Renaturierung nicht in diesem Ausmaß möglich ist, werden zukünftig Kletterpflanzen die Wände des Flussbetts begrünen und hitzeresistente Bäume Schatten spenden. Gräserbeete mit Lavendel, Tulpen und Blauer Katzenminze kommen als bunte Flecken dazu.

- Wienfluss-Weg, Ausgangspunkt z. B. beim Ferdinand-Wolf-Park, 1140 Wien
- ÖPNV: Haltestelle Hütteldorf

Dankbar für das, was ist

33

Sich Zeit nehmen im Schweizergarten

Der Schweizergarten zwischen Hauptbahnhof, stark befahrenem Gürtel und altem Arsenal bietet erholsame Grünflächen, Teiche und ein Gasthaus. Kein Grund also für die Hektik, mit der viele Menschen über die Wege eilen. Der heutige Name geht auf die Hilfsbereitschaft der Schweizer zurück. Nach dem Ersten Weltkrieg griff die Schweiz dem Nachbarland Österreich tatkräftig unter die Arme und nahm unterernährte Kinder auf.

Im Schweizergarten sorgt ein bunter Mix für Abwechslung: vom Kinderfreibad bis zum Gasthaus Klein Steiermark, in dem typisch steirische und Wiener Küche serviert wird. Auch ein letztes Stück von der alten äußeren Stadtbefestigung, dem Linienwall, findet sich hier noch. Die Grünanlage ist ein englischer Landschaftsgarten mit geschwungenen Wegen, malerischen Wasserläufen und einem Teich. Botanisch Interessierten begegnen hier die unterschiedlichsten Moden der Parkbepflanzung. In den 1960er-Jahren waren Birken, Wacholder und Polyantharosen en vogue. Um 1900 baute man kleine Gebirgswelten mit Gneisplatten und künstlichen Wasserquellen. Auch die Persische Flügelnuss und der Japanische Schnurbaum lassen sich von Kennern entdecken.

Die Kinder- und Familienbäder sind Oasen für die Kleinen. Erwachsene dürfen nur in Begleitung von Kindern hinein. Hier im Schweizergarten befindet sich eines von zehn noch aktiven Kinderfreibädern in Wien. An der Seite Richtung Hauptbahnhof wartet das Belvedere 21 auf Liebhaber zeitgenössischer österreichischer Kunst. Es ist eine Architekturikone der 1950er-Jahre und immer wieder Bühne für internationale und heimische Künstler. Der nach der Weltausstellung in Brüssel hier wieder aufgestellte Pavillon wurde von Karl Schwanzer entworfen. Der lichtdurchflutete Glas-Eisen-Bau wirkt erstaunlich leicht. Spaziert man Richtung Arsenal, kommt bald die beeindruckende Kuppel des Heeresgeschichtlichen Museums in Sicht. „Kriege gehören ins Museum", so der Leitspruch der 1856 gegründeten Institution.

TIPP

Man sollte unbedingt das Café im Belvedere 21 und den frei zugänglichen Skulpturengarten besuchen.

● Schweizergarten, 1100 Wien

● ÖPNV: Haltestelle Fasangasse oder Quartier Belvedere

Das goldene Leuchten

34 Spazieren auf den Steinhofgründen

Für viele Wiener stellt es ein sonntägliches Ritual dar, mit dem Bus hinauf zur Feuerwache Steinhof zu fahren. Nach ein paar Schritten durch das große Tor ist man bereits auf den weiten Wiesen. Das Erholungsgefühl stellt sich beim Blick über die Hügel des Wienerwalds fast augenblicklich ein.

Ursprünglich gehörte dieser Teil zur angrenzenden Nervenheilanstalt und wurde später der Bevölkerung zur Verfügung gestellt. Das Areal wurde vor einigen Jahren umgewidmet, das Krankenhaus abgesiedelt und neue Nutzungsmöglichkeiten wurden gesucht. Nicht nur Architekturliebhabern sei der Spaziergang zur ehemaligen Anstaltskirche ans Herz gelegt. Der berühmte Jugendstil-Architekt Otto Wagner hat sie entworfen. Sein großes Augenmerk lag auf der Funktion der Kirche. Die Patienten und ihr Wohlergehen während des Gottesdienstes standen für ihn im Vordergrund. Man könnte sagen, er wollte Glücksmomente schaffen für Menschen, die sie besonders brauchten. Es handelt sich um eine sehr schöne, helle und große Zuversicht ausstrahlende Kirche. Die bunten, freundlichen Glasmosaike lassen die Sonne von den Seiten durchscheinen und zeigen gute Taten, die wir füreinander tun können. Die Mosaikbilder am Altar und an den Wänden erzählen ausschließlich positive Geschichten. Otto Wagner hat sich bis hin zum Weihwasserspender jedes kleinste Detail überlegt und im Sinne des Gesamtkunstwerks gestaltet. Die Kirche ist – anders als sonst üblich – nach Nord-Süd ausgerichtet, damit den ganzen Tag über die Sonne hereinströmen kann. Die Kuppel ist vergoldet und schon von Weitem sichtbar. Dieses Leuchten bei Sonnenschein inspirierte die Bevölkerung zur Bezeichnung „Lemoniberg“. Die glitzernde Kuppel gleicht dann tatsächlich einer halben Zitrone.

Die Anlage auf dem grünen Hügel wurde nach den damals neuesten Erkenntnissen in einzelne Pavillons unterteilt. Die Nähe zur Natur wurde als beruhigend und wohltuend erachtet. Die denkmalgeschützten Gebäude werden nun Schritt für Schritt eine neue Bestimmung finden.

TIPP

Die Otto Wagner` Kirche zu den Öffnungszeiten am Wochenende besuchen und sich überraschen lassen.

- Steinhofgründe, Eingang Johann-Staud-Straße 73 a, 1160 Wien
- ÖPNV: Haltestelle Feuerwache am Steinhof

Ganz für sich sein

35 In der grünen Wildnis am Donau-Oder-Kanal

Sightseeing vom Schiff aus kann Wien aufgrund der immer wiederkehrenden Hochwasser nicht wirklich bieten. Die Donau fließt am Rand der Stadt. Dafür wurde mit den Donauauen ein Naturschutzgebiet gewonnen, das viel zur Lebensqualität in der Zwei-Millionen-Stadt beiträgt und unzählige Erkundungstouren ermöglicht.
Zum Donau-Oder-Kanal gelangt man ab dem Parkplatz beziehungsweise der Bushaltestelle zu Fuß oder mit dem Rad. Der Weg zum wildromantischen Badeplatz verläuft durch den kühlen Wald und lässt einen innerlich ankommen. Dass so versteckte Orte viele Geschichten zu erzählen haben, überrascht vielleicht. Nichts weist mehr darauf hin, dass der hier begonnene Kanal die Oder mit der Donau verbinden und somit eine wichtige Verkehrsader in Europa werden sollte. Pläne gab es seit dem 15. Jahrhundert, erst 1940, unter den Nationalsozialisten, wurde das Projekt tatsächlich begonnen, aber nur wenige Kilometer wurden in Wien fertiggestellt. Die Gesamtlänge hätte 320 Kilometer betragen sollen.
Heute ist das Gebiet ein Teil des 22. Bezirks und eine friedliche grüne Wildnis. Die Naturbadeplätze liegen am Kanalbecken II, das wie ein See aussieht und vollständig von Wald umgeben ist. Seit den 1960er-Jahren konnte man an anderen Stellen Parzellen entlang der Donau-Oder-Kanal-Becken III und IV pachten und später kaufen. In diesen wie Kleingartensiedlungen angelegten Bereichen stehen ganzjährig bewohnte Häuser. Hier kann man sich den Traum vom Wohnen am Wasser verwirklichen. Doch zurück zum Badeteich, dem Kanalbecken II, das zu einem wunderschönen Naturschutzgebiet wurde und Teil der Lobau ist. Ruhig ist es hier, ein paar Menschen sitzen am Ufer. Das Wasser ist besonders klar, nur Grün um einen herum. Wenn man ein Stück weitergeht, sind die anderen schon außer Hörweite und man fühlt sich völlig eins mit der Natur. Dem ungestörten Vergnügen im erfrischenden Nass steht nichts im Weg, Bademeister sind hier nur die Schwäne. Auf dem Rundweg ist man insgesamt circa eine Stunde unterwegs.

TIPP

Auf dem Napoleon-Rundwanderweg durch die Lobau erfährt man viel über die historischen Ereignisse.

- Donau-Oder-Kanal II, 1220 Wien
- ÖPNV: Haltestelle Finsterbuschstraße Mitte

Glück unter Palmen

36 Das Palmenhaus im Burggarten

Die Terrasse mit den bunten Tischen und Stühlen vor dem Palmenhaus ist einer der beliebtesten Gastgärten Wiens. Sobald es warm genug ist, genießt man den Kaffee oder das Mittagessen im Freien. Die Blickrichtung der plaudernden Gäste geht in den belebten Burggarten direkt hinter der niedrigen Balustrade. Im Inneren des vom Jugendstil inspirierten Baus spielt die Jahreszeit zum Glück keine Rolle. Hier findet man eine ganz besondere grüne Welt vor, die zum Auftanken und Stärken von Leib und Seele einlädt. Die hohen Räume des Glashauses lassen das Licht und die Sonnenstrahlen herein und heben augenblicklich die Stimmung.

Dass der mittlere Teil des Gebäudes heute als Café-Restaurant betrieben wird, war eine wunderbare Entscheidung. Hier lässt es sich bei entspannter Musik von exotischen Orten träumen. Auch zu späterer Stunde verwöhnen Küche und Bar ihre Gäste. Ergattert man ein Plätzchen an der Glaswand zum linken Seitentrakt, kann man die bunten Schmetterlinge im anliegenden Teil des Glashauses beobachten. Wer tiefer in das warme und feuchte Klima des Schmetterlinghauses eintauchen und sich auf Entdeckungsreise zu den faszinierenden Faltern begeben möchte, kauft beim Eingang nebenan ein Ticket. In der tropischen Atmosphäre möchte man selbst Flügel haben und sich leicht wie ein Schmetterling fühlen. Rund 500 Arten sind hier zu bewundern, wie sie sorglos von einer zarten Pflanze zur nächsten fliegen. Ein zauberhaftes Flugtheater, in dem die Außenwelt schnell vergessen ist.

TIPP

Ein Besuch im Schmetterlinghaus nebenan lohnt sich auf jeden Fall.

Das Palmenhaus hat eine Länge von 128 Metern und beherbergte schon als kaiserliches Glashaus faszinierende Pflanzen aus aller Welt sowie eine große Anzahl von Vögeln und Affen. Der rechte Teil des Gebäudes dient den Österreichischen Bundesgärten als Gewächshaus und kann im Sommer auch als luftiger und stimmungsvoller Veranstaltungsraum genutzt werden. Für Fans von Palmenhäusern gibt es in Wien noch ein zweites, ausschließlich botanischen Zwecken dienendes Palmenhaus im Schlossgarten von Schönbrunn.

- Café-Restaurant Palmenhaus, Burggarten 1, 1010 Wien, Tel. +43 (1) 533 10 33 www.palmenhaus.at
- ÖPNV: Haltestelle Burgring oder Albertinaplatz

Picknick mit Weitblick

37 Wald, Wiesen und Wein am Cobenzl

Graf Cobenzl war nur einer der vielen Besitzer des beliebten Ausflugsziels im Norden Wiens. Darunter war auch Baron Johann Carl von Sothen, ein Lotto-Betrüger, Meteoritensammler und großer Verehrer von Kaiserin Elisabeth. Er hat ihr unweit von hier, am „Himmel", eine Kapelle gewidmet. Vom Cobenzl zum „Himmel" spazierte auch Sigmund Freud gerne und sammelte dabei Ideen für sein späteres Werk „Die Traumdeutung". Am Wochenende strömen die Wiener in Scharen auf den Cobenzl. Kreisen, um einen Parkplatz zu ergattern, gehört bei schönem Wetter dazu. Sobald das erledigt ist, kann die Erkundung losgehen. Spaziergänger finden unzählige ausgeschilderte Wege hügelaufwärts durch die Wälder und über sonnige Wiesen. Auf ebendiesen pausieren die Erholungssuchenden, packen die Picknickdecke aus, lassen die Hunde laufen und die Kinder herumtollen. Andere kehren gleich im Café an der Aussichtsplattform ein, genießen den Blick und lassen sich kulinarisch verwöhnen. Oft braucht es nicht mehr.

TIPP
Im Sommer veranstaltet das Weingut am Cobenzl einen Pop-up-Heurigen.

Das Weingut Cobenzl ist im Besitz der Stadt Wien und einer der vielen Wiener Weinproduzenten. Spaziert man bergab über den Oberen Reisenbergweg, kommt man unter anderem an den Weingärten des Guts vorbei. Die kaum befahrene, enge Straße bietet wunderbare Blicke Richtung Stadtzentrum und hinauf zum Kahlenberg. An Sonnentagen leuchtet die Kirche am nebenan gelegenen Leopoldsberg herrlich vor dem blauen Himmel. Der Weg führt vorbei an einzelnen Häusern, manche davon gehören Winzern, die hier neben ihren Reben wohnen. Es empfiehlt sich, nach circa der Hälfte des Wegs rechts in einen nicht mehr gepflasterten Pfad abzubiegen und direkt an den Weingärten entlangzugehen. Dieser Verbindungsgang leitet zum Paula-Wessely-Weg und bringt die Spaziergänger nach Grinzing. Das ehemalige Winzerdorf ist heute Teil des 19. Bezirks und berühmt für seine Heurigen. Dort schenken die Winzer ihren eigenen Wein aus und servieren dazu typische Wiener Spezialitäten.

- Cobenzl, Am Cobenzl 96, 1190 Wien
- ÖPNV: Haltestelle Cobenzl Parkplatz

Sommerfrische im Cottage

38 Im Türkenschanzpark die Jahreszeiten erleben

Der Türkenschanzpark ist eine Oase für alle Generationen, je nachdem, wonach einem gerade der Sinn steht. Hier kann man wunderbar die Seele baumeln lassen, am Teich sonnenbaden oder auf der Parkbank unter alten Bäumen ein Buch lesen. Familien, die in der Nähe wohnen, verbringen den Großteil ihrer Freizeit am Spielplatz und beim Erkunden der weitläufigen Anlage. Eines der Lieblingsziele von Kindern ist das Pferd des Kosakendenkmals. Es erinnert an die ukrainischen Kosaken, die bei der Entsatzschlacht während der Zweiten Wiener Osmanenbelagerung eine wichtige Rolle spielten.

Der Name des Parks stammt von der Türkenschanze, einer Verteidigungsanlage der Osmanen, die diesen Hügel bei ihren beiden Versuchen, die Stadt einzunehmen, nutzten. Die Initiative für die Grünanlage kam von den Bewohnern des neu entstandenen Cottageviertels. Ursprünglich ein Gebiet mit einfachen Villen für mehrere Familien und Einfamilienhäusern, sollte es leistbares Wohnen nahe der Stadt bieten. Durch die schöne Lage am Hügel und das viele Grün wurde das Cottage bald zu einem der teuersten Viertel der Stadt. Für den Park wurden 4000 Bäume gepflanzt, sechs Teichanlagen ausgehoben und mehrere Hügel aufgeschüttet. Das Areal sollte als Ersatz für die Sommerfrische in den Bergen oder am See dienen. Alpengärten, Bachläufe und Teiche spiegeln die Rax oder den Semmering wider und sind erholsame Rückzugsorte, die auch den heutigen Besuchern guttun. Das Wahrzeichen des Parks ist die Paulinenwarte, ein Backstein-Aussichtsturm, der von April bis September jeweils an einem Wochenende im Monat geöffnet ist. Es lohnt sich, genau dann im Park vorbeizuschauen und die herrliche Aussicht zu genießen.

Kaiser Franz Joseph eröffnete den Park 1888 unter allgemeinem Jubel und bekam anschließend in der Meierei Diglas eine süße Jause serviert. Er war der erste Gast des Lokals, das heute wieder von der Familie Diglas geführt wird. Man fühlt sich hier fast wie auf einem Dorfplatz, an dem sich alle irgendwann treffen.

TIPP
Bei einem Spaziergang durch das Cottageviertel entdeckt man wunderschöne alte Villen.

● Türkenschanzpark, Hasenauerstraße, 1180 Wien
● ÖPNV: Haltestelle Dänenstraße oder Gregor-Mendel-Straße

Alte Rosenbäume bewundern

39

Zu Gast im versteckten Heiligenkreuzerhof

Von der Schönlaterngasse blickt man durch ein Tor in einen großen Innenhof. Soll man sich hineinwagen? Auf jeden Fall! Wie viele versteckte Höfe in der Wiener Altstadt ist auch dieser eine Welt für sich. Kaum hat man den Heiligenkreuzerhof betreten, wird es angenehm still. Von den Ausmaßen ist man angenehm überrascht. Wo ist man hier gelandet? Die Gebäude stammen großteils aus dem 17. und 18. Jahrhundert, manche Teile gehen sogar bis ins 12. Jahrhundert zurück und gehören zum gleichnamigen Zisterzienserkloster im südlichen Wienerwald.
Die Anlage besteht aus Prälatenhof, Kapelle und Zinshaus. Hin und wieder trifft man auch auf einen Ordensmann im schwarz-weißen Habit, der hier zu tun hat. Die Wohnungen sind zu mieten und bieten neben der wohltuenden Ruhe einen Parkplatz direkt im Hof. Ohne Autos wäre er natürlich noch charmanter. Zusätzlich zu den privaten Mietern sind hier eine Montessorischule und die Universität für Angewandte Kunst mit Ausstellungsräumen angesiedelt. Ebenso findet man zwei Geigenbauer und als schönste Attraktion große, üppige Rosensträucher.
Wenn sie in voller Blüte stehen, müssen die Äste gestützt werden, da die unzähligen Rosenköpfe sonst zu schwer für die Zweige wären. Die Rosen sind wirklich prächtig und faszinierend anzusehen. Weiter hinten pflegt jemand einen hübschen bunten Blumengarten, der allen Vorbeigehenden Freude macht. Man möchte gar nicht wieder hinausgehen, wo es hier doch so schön beschaulich zugeht. Wenn man sich in den mit Pflanzentöpfen begrünten Garten des Restaurants BUXBAUM setzt, kann man den Aufenthalt gemütlich verlängern und sich noch mit zwei ehemaligen Bewohnern beschäftigen. Der Gründer der Paneuropa-Bewegung, Richard Coudenhove-Kalergi, floh von hier im März 1938 vor den Nationalsozialisten. Eine Gedenktafel erinnert an ihn. Auch der geniale Schauspieler und Kabarettist Helmut Qualtinger erhielt eine Erinnerungstafel samt Karikatur vor seinem ehemaligen Stiegenaufgang.

TIPP

Die Orgelkonzerte in der barocken Jesuitenkirche bringen den Raum zum Schwingen.

- Heiligenkreuzerhof, 1010 Wien
- ÖPNV: Haltestelle Riemergasse oder Schwedenplatz

Gutes für Leib und Seele

40 Entspannung im Kurpark Oberlaa

Der Name Oberlaa ruft bei den Wienern sehr angenehme Erinnerungen wach und steht für erholsame Kuraufenthalte, entspanntes Baden in den warmen Thermalquellen und süßes Vergnügen in Form der köstlichen Torten und Kuchen der Kurkonditorei OBERLAA, die es in Wien an mehreren Standorten zu kaufen gibt. Natürlich lassen sich die verschiedenen Möglichkeiten auch kombinieren. Seit einigen Jahren sind Therme und Park bequem mit der U-Bahn erreichbar. Der Kurpark ist öffentlich zugänglich und wurde im Rahmen der Gartenschau 1974 neu gestaltet. Seither erfreut das Areal mit einem Rosarium, einem Japanischen Garten, verschiedenen Brunnen und Skulpturen die Besucher. Sogar ein Allergiegarten wurde angelegt, in dem man auf Informationstafeln Wissenswertes über Pollen und andere Allergene erfährt. Für Kinofans ist der Bereich der ehemaligen Filmstadt ein Highlight. Dort waren in den 1920er-Jahren Kulissen für Monumentalfilme aufgebaut, die Filmteichstraße erinnert noch daran. Allesamt bunte und abwechslungsreiche Erholungsräume, die durch ein gut ausgebautes Wegenetz, das großteils auch mit Rollstühlen und Kinderwagen befahrbar ist, verbunden sind.

TIPP

Die bunten Makronen sind die Spezialität der Kurkonditorei.

Viele Menschen kommen zum Sonnenbaden und Picknicken hierher. Gleichsam einladend für diese Freizeitvergnügen sind die älteren und neueren Modelle der Kurpark-Liegestühle, die auf den Wiesen bereitstehen. So lässt sich ein freier Tag entspannt im Grünen verbringen. Falls der mitgebrachte Proviant ausgeht, gibt es in der Kurkonditorei am Fuß des Hügels Nachschub. 1974 wurden die erste Kurkonditorei OBERLAA, die Patisserie und das damalige Thermenrestaurant gegründet. Seither ist der Name Oberlaa mit süßem Genuss verbunden und fest im Wiener Gedächtnis abgespeichert.

Die Therme Wien grenzt im Bereich ihres Jahreszeitengartens direkt an den denkmalgeschützten Kurpark. Hier kann man mit Blick in die Weite der Grünanlage entspannen und sich selbst Gutes tun. Eine Wohlfühlmassage, ein Saunabesuch oder das Treiben im warmen Wasser können Wunder wirken.

- Kurpark Oberlaa, Laaer-Berg-Straße, 1100 Wien
- ÖPNV: Haltestelle Oberlaa oder Gartenschaugasse

Wohltuender Grünraum

41 Studieren im Alten Allgemeinen Krankenhaus

Sitzt man im Hof 1 des Campus der Universität Wien auf einer Bank unter alten Bäumen, hat man das Gefühl, in einem Park zu sein. Vogelgezwitscher stimmt einen fröhlich und vom Spielplatz ist Lachen zu hören. Die Anlage geht bis ins 18. Jahrhundert zurück, als Kaiser Joseph II. hier das Allgemeine Krankenhaus errichten ließ. „Dem Heil und Wohl der Kranken" ließ er 1784 ans Tor schreiben. Als das AKH in moderne Bettentürme zog, schenkte der Wiener Bürgermeister zur 600-Jahr-Feier das Areal der Universität. So tummeln sich seit 1998 die Studierenden in den Gebäuden, vor allem geisteswissenschaftliche Fächer sind hier untergebracht.

Wohltuend sind die zehn begrünten Höfe noch immer. Man könnte fast sagen, ein Paradies zum Studieren. Im 19. Jahrhundert wurde hier Medizingeschichte geschrieben, die Wiener Medizinischen Schulen waren weltberühmt. Wer sich auf eine Reise durch die Höfe macht, liest die Namen bedeutender Mediziner an Toren und Statuen. Im Hof 6 stößt man auf das ehemalige jüdische Bethaus, das 1938 beschädigt und 2005 als begehbarer Gedenkort Marpe Lanefesch (Heilung für die Seele) umgestaltet und wiedereröffnet wurde. Eine Besonderheit ist auch der „Narrenturm". Die Einrichtung einer Abteilung für psychisch kranke Menschen war damals eine neue Errungenschaft, da Betroffene bis dahin ins Gefängnis gesperrt wurden.

TIPP

Im Hof 1 gibt es immer wieder Veranstaltungen. Besonders beliebt ist der Weihnachtsmarkt.

Heute schätzen die Besucher des Alten AKH die Freiräume. Die Höfe sind ruhig und belebt gleichzeitig. Anrainer spazieren durch das Areal, gehen in die Buchhandlung oder in den Supermarkt. Studierende und Lehrende sind auf dem Weg in den Hörsaal. Vor allem im Hof 1 sind die Lokale zur fixen Größe für gemeinsame Mittagessen und Verabredungen am Abend geworden. Im Hof 2 begegnet man einem über 200 Jahre alten, unter Naturschutz stehenden Judasbaum. Im Frühling verzaubert er mit seinen prächtigen rosa Blüten für rund eine Woche den Hof. Unweit von diesem Baumwunder finden Gartenfreunde noch den kleinen japanischen Garten beim Fachbereich Japanologie.

- Altes Allgemeines Krankenhaus, Spitalgasse 2, 1090 Wien
- ÖPNV: Haltestelle Lange Gasse

universität
wien

Hippes Sportlerparadies

42 Schwimmen und Sonnenbaden an der Neuen Donau

Nur wenige Minuten dauert die Fahrt mit der U-Bahn vom Stadtzentrum zum Badeparadies Neue Donau. Der Fluss beziehungsweise See gehört zum Win-win-Projekt Donauinsel, das der Wiener Stadtgemeinde wirklich geglückt ist. Er ist das Entlastungsgerinne des Hochwasserschutzprojekts aus den späten 1970er-Jahren. Bis dahin hatte Wien trotz Donauregulierung mit Überschwemmungen zu kämpfen. Die Idee, eine 21 Kilometer lange Insel aufzuschütten und dahinter einen lang gestreckten See mit niedrigerem Wasserstand zu schaffen, war genial.

Die meiste Zeit des Jahres ist diese Neue Donau ein stehendes Gewässer, in dem es sich ohne Strömung sehr angenehm schwimmt. Idyllische Badebuchten mit flachen Stränden und über 50 schwimmende Inseln stehen gratis zur Verfügung. Badestege erleichtern an steileren Uferstellen den Einstieg und so sind die schönsten Plätze schnell vergeben. Am belebtesten sind die Gebiete rund um die U-Bahn-Stationen, weiter flussauf- oder -abwärts wird es deutlich ruhiger. Nahe an Wiens Hochhausskyline, wo unter anderem das höchste Gebäude der Stadt, der Donau City Tower, in die Höhe ragt, liegt die beliebteste Strandpromenade mit zahlreichen Cafés und Restaurants, Spielplätzen und Radverleihen, in Wien auch als Copa Cagrana oder – in jüngeren Jahren – CopaBeach bekannt. Südamerikanisches Lebensgefühl mitten in der Großstadt.

TIPP
Am CopaBeach chillen und die moderne Skyline an der Neuen Donau betrachten.

Wer Ruhe und Natur sucht, radelt am besten donauabwärts zum Sandstrand an der Piratenbucht. Unter den Pappeln im Schatten stellt sich bald echtes Urlaubsgefühl ein. Auch ganz stille Plätzchen für ein Picknick zu zweit lassen sich finden. Sportbegeisterte werden beim Wasserskilift oder im Segelzentrum Wien glücklich. Das über 200 Meter breite Gewässer ist etwa 6 Meter tief und ein wunderbarer Lebensraum für Fische. Zander, Karpfen und Barsche sind nur einige der in der Neuen Donau vorkommenden Arten. So können auch Angler hier ihr Glück versuchen. Wer hätte gedacht, dass eine Großstadt so viele Möglichkeiten bietet?

- Neue Donau, z. B. am CopaBeach bei der Reichsbrücke, 1220 Wien
  www.copabeach.wien
- ÖPNV: Haltestelle Neue Donau oder Neue Donau Mitte

Glorreicher Schlossblick

43 Zum Sonnenuntergang auf den Gloriette-Hügel

Der Blick von oben tut immer gut. Die Weite lässt einen durchatmen und alltägliche Sorgen können zumindest für einen Moment abfallen. Der Hügel des geometrisch angelegten französischen Schlossgartens von Schönbrunn wurde 1775 mit einer Bekrönung versehen. Dem Ruhm und der Unbesiegbarkeit der Habsburger wurde damit ein Denkmal gesetzt, der Garten erhielt endlich seinen Aussichtspunkt. Die Achse beginnt in der Mitte des Schlosses, verläuft über das Blumenparterre zum Neptunbrunnen und hinauf über den Hügel zur Gloriette.

Wer gut zu Fuß ist, nimmt den Anstieg über die im Zickzack angelegten Wege zwischen den grünen Wiesen. Die hohen Bäume an beiden Seiten bilden den gebührenden Rahmen. Wer sich lieber auf ebenem Weg zur Gloriette begibt, wählt einen der oberen Zugänge, wo auf der Rückseite des Parks ein großer Parkplatz liegt. Auf dem Hügel angekommen, lohnt es sich, neben der Aussicht auch das pavillonartige Gebäude, die Gloriette, von innen zu erkunden. In der Mitte befindet sich ein großer, hoher Raum, der vom Café-Restaurant genutzt wird. Ein Frühstück im kaiserlichen Pavillon mit Blick auf Schloss Schönbrunn oder ein nachmittäglicher Kaffee mit leckerem Kuchen lässt nicht nur zu besonderen Anlässen die Herzen höherschlagen. Hinter dem Gebäude gibt es auch einen Garten mit Blick ins Grüne. Vor der Gloriette begeistert die Weite. Den Blick zunächst auf das unten liegende Schloss gerichtet, schweift das Auge über die Stadt.

TIPP

Am Fenstertisch im Pavillon genießt man ein kaiserliches Frühstück mit Schlossblick.

Auf verschiedenen Ebenen laden Sitzbänke ein, das Panorama in Ruhe zu genießen. Die Wiese vor der Gloriette ist besonders an sommerlichen Abenden ein beliebter Treffpunkt. Junge Menschen machen es sich im Gras gemütlich und versuchen, die Stimmung auf einem Foto festzuhalten. Der im Oval angelegte Teich, in dem sich der luftige Bau perfekt spiegelt und in die Unendlichkeit fortgesetzt wird, ist barocke Gartenkunst par excellence. So ist man beschäftigt, um die perfekte Szenerie einzufangen. Doch viel wichtiger ist es, einfach den Moment zu genießen.

- Gloriette-Hügel im Schlosspark Schönbrunn, 1130 Wien
  www.schoenbrunn.at
- ÖPNV: Haltestelle Gloriettegasse oder Schönbrunn

Pflanzenwelten entdecken

44 Raritäten und Vielfalt im Botanischen Garten

Daran, dass Vielfalt etwas sehr Schönes ist und wir alles daransetzen sollten, sie zu erhalten, wird man im Botanischen Garten der Universität Wien erinnert. Im Rahmen eines Spaziergangs reist man um die ganze Welt und begegnet Pflanzen aus sechs Kontinenten. Als *hortus medicus* (Apothekergarten) angelegt, haben hier seit dem 18. Jahrhundert viele Gartendirektoren ihre Begeisterung ausgelebt. Vater und Sohn Jacquin machten den Botanischen Garten berühmt.

Nicht nur Studierende werden hier unterrichtet, auch interessierte Besucher können bei Führungen mehr über die Geheimnisse der über 11.500 Pflanzen erfahren. Wo soll es zuerst hingehen? In die Gehölzsammlung, die pannonische Steppenlandschaft oder in die Glashäuser? Jeder Bereich ist von Insekten bevölkert, und viele andere Tiere, insbesondere Vögel, lieben den Garten. Wer Eichhörnchen mag, begibt sich zum Jacquin-Hain, dort tummeln sich die kleinen Nager gerne und sind besonders zutraulich. Ein beeindruckendes Erlebnis ist der Besuch im Bambushain. Ein eigener Besuchersteg führt direkt in die Bambuspflanze hinein. Es handelt sich um einen einzigen Horst, dessen Austriebe unterirdisch verbunden sind. Ein Glück, dass die Pflanze noch nie geblüht hat, denn wenn ein Meergrüner Blattbambus blüht, stirbt er danach ab. Man entdeckt auch Pflanzen, deren Bauplan sich seit Millionen Jahren nicht verändert hat, wie den Ginkgo oder die Wollemie. Die Ginkgobäume sind besonders im Herbst, wenn sich die Blätter gelb verfärben, eine Augenweide.

TIPP

Bei einer der Mittwochsführungen lernt man immer Interessantes dazu. Infos auf der Website.

Meistens geht es relativ geruhsam zu in der rund 8 Hektar großen Gartenanlage, außer wenn im April die Raritätenbörse stattfindet. Dann reisen Aussteller aus ganz Österreich hierher und bieten zur Freude und Begeisterung von Gartenfans Pflanzensorten abseits des Mainstreams an. Neben seltenen Rosen und Orchideen gibt es auch Gemüsepflanzen, die kein Nachbar in seinem Beet zieht. Die Experten stehen mit Rat und Tat zur Seite, und so kann die neue Gartensaison beginnen.

● Botanischer Garten, Rennweg 14, 1030 Wien, Tel. +43 (1) 4 27 75 41 00
https://botanischergarten.univie.ac.at
● ÖPNV: Haltestelle Rennweg

Träumen im Vogelparadies

45 Genießen und spielen im Floridsdorfer Wasserpark

Mit dem Rad unterwegs zu sein gibt einem ein gewisses Freiheitsgefühl. Auch wenn die öffentlichen Verkehrsmittel in Wien überall hinführen, ist das Rad gerade im Sommer ein beliebtes Fortbewegungsmittel. So schätzen die Wiener es sehr, dass man zum Wasserpark ganz unkompliziert mit dem Fahrrad kommt. Die Anlage wird ihrem Namen gerecht, denn ein Drittel der Fläche sind Teiche und Kanäle. Ein Ergebnis der bei Wien stark mäandrierenden Donau sind die unzähligen Gewässer, die heute zu Wohlfühlorten geworden sind. Wasser hat eine starke Anziehungskraft auf die Menschen und hier insbesondere auch auf die Vögel. Der beliebte Erholungsraum in Floridsdorf war ursprünglich ein Teil der Alten Donau, wovon nach der Flussregulierung in diesem Gebiet nur sumpfiges Gelände übrig blieb, das in den späten 1920er-Jahren zum Wasserpark umgestaltet wurde. Als man bemerkte, dass hier ausgesprochen viele Vögel überwintern, wurde nachgeforscht und festgestellt, dass durch den Hubertusdamm warmes Wasser einsickert und die Oberfläche deshalb nie zufriert. So wurde der Wasserpark mit seinen alten Bäumen und grünen Wiesen zu einem Vogelschutzgebiet und einem Paradies für Graureiher, Enten, Störche und Möwen. Sogar Vogel-Fotografie-Workshops werden hier angeboten. Da es kaum wilde Tiere gibt, vor denen die Vögel fliehen müssen, und viele Bäume in der Umgebung stehen, auf denen die Tiere sitzen können, kommt man ganz nahe an die Vögel heran.

TIPP

Vom Spazierweg aus hat man einen schönen Blick auf die Insel mit den Reihern.

Der Park eignet sich auch wunderbar für romantische Fotos. Steile, japanisch anmutende Brücken führen über Kanäle und diese zu Teichen mit Inseln. Man spaziert auf verschlungenen Wegen an großen Gneissteinen vorbei, die abends mit hübschen Laternen beleuchtet sind. Bei Familien ist der wunderbar schattige Spielplatz beliebt, wo Kinder im Sommer trotz Hitze gut spielen können. Wer an der Bronzeplastik eines Storchenpaares von Anton Endstorfer aus dem Jahr 1958 vorbeigeht, gelangt über die Brücke auf die andere Uferseite. Dort ist es ruhiger, also ideal für einen wohltuenden Spaziergang.

● Floridsdorfer Wasserpark, Am Wasserpark, 1210 Wien
● ÖPNV: Haltestelle Hubertusdamm

Barocke Gartenpracht

46 Der schöne Blick vom Schloss Belvedere

Um die barocken Gartenanlagen der Belvedere-Schlösser wie im 18. Jahrhundert zu erleben, gibt es zwei Möglichkeiten. Entweder man schlüpft in die Rolle ihres Erbauers Prinz Eugen von Savoyen und spaziert vom Rennweg in den Garten, stellt sich vor den Mittelteil des Unteren Belvederes und blickt den Hügel zum Oberen Belvedere hinauf. Von hier aus wurden die Symmetrien angelegt, die Springbrunnen und Kaskaden, die in Labyrinthform geschnittenen Hecken an den Seiten und die geometrischen Buchsornamente vor dem Schloss. Eine überwältigende Pracht nach französischem Vorbild in der Wiener Vorstadt. Oder man spielt einen illustren Gast des Prinzen und stellt sich vor, wie man mit der Kutsche durch das obere Tor in den Park gefahren wird. Danach geht es durch das zweite schmiedeeiserne Tor am Spiegelteich vorbei zur Treppe am Oberen Belvedere. Nach dem Aussteigen schreitet man in den Marmorsaal zum Fest, wo man einen einzigartigen Blick über die Stadt genießt. Von dieser Aussicht stammt der Name Belvedere, der „schöne Aussicht" bedeutet. Im Marmorsaal wurde 1955 der österreichische Staatsvertrag unterzeichnet.

TIPP

Im Oberen Belvedere kann man die wunderschönen Landschaftsbilder von Gustav Klimt bewundern.

Der zu den prächtigsten barocken Gartenanlagen der Welt zählende Park ist untertags frei zugänglich und wird gerne besucht. Unter den alten Linden stehen Sitzbänke für Ruhepausen im Schatten bereit, von wo aus man den Park und die Schlösser auf sich wirken lassen kann. An der Ostseite befindet sich ein Café mit Blick auf den ehemaligen Tiergarten des Prinzen. Bei genauerem Hinsehen kann man noch die sternförmig zusammenlaufenden Bereiche für die unterschiedlichen Tiergattungen erkennen. Das Tierwärterhaus liegt erhöht im Hintergrund.

Viele Gäste kommen nicht wegen der Architektur oder des Gartens, sondern wegen der Gemälde ins Obere Belvedere. Dort hängen die Highlights der Österreichischen Galerie. Das berühmteste Bild ist wohl „Der Kuss" von Gustav Klimt. Für Menschen aus aller Welt ein Glücksbild, vor dem schon um viele Hände angehalten wurde.

- Schloss Belvedere, Prinz-Eugen-Straße 27 (Oberes Belvedere) und Rennweg 6 (Unteres Belvedere), 1030 Wien, www.belvedere.at
- ÖPNV: Haltestelle Schloss Belvedere oder Unteres Belvedere

Mit Beethoven spazieren

47 Wasserspiele im Heiligenstädter Park

Im heutigen Park war zu Beethovens Zeiten das Heiligenstädter Bad mit Kurgarten untergebracht. Der Komponist verbrachte mehrere Sommer in Heiligenstadt, ging viel spazieren und suchte hier Linderung für seine körperlichen Zipperlein, noch bevor ihm sein Gehörleiden zu schaffen machte. Dem großen Musiker und Komponisten wurde 1910 eine Statue im Park gewidmet, der man heute noch begegnet. Neben dem Bad gab es auch ein Restaurant und Zimmer zu mieten, später folgte zur Unterhaltung und Erbauung der Gäste ein Theater. Die Donauregulierung veränderte den Wasserstand und ließ die Quellen langsam versickern. In den 1890er-Jahren wurde die Bade- und Kuranstalt an die Stadt Wien verkauft.

Der zweite Teil des Parks geht auf die ehemaligen Rothschildgärten zurück, von denen nur das Pförtnerhaus erhalten ist. Von den viel gerühmten Orchideenzüchtungen und einzigartigen Pflanzen in den Glashäusern ist leider nichts geblieben. Die Gärten waren nach dem Schönbrunner Schlossgarten die zweitberühmtesten von Wien. Besucher aus der ganzen Welt reisten an, um die prächtigen Raritäten in den Glashäusern und die Gartenanlage zu bewundern. Nachdem die aus Wien vertriebene Familie Rothschild ihre Grundstücke in den 1950er-Jahren der Stadt Wien geschenkt hatte, vereinigte man die teilweise zerstörten Rothschild'schen Gartenanlagen mit dem Heiligenstädter Park.

TIPP

In Heiligenstadt ist das Beethoven Museum in der Probusgasse besonders sehenswert.

Für eine Sache sind die Wiener der Familie Rothschild bis heute dankbar: Die englischen Gärtner des Barons gründeten die Vienna, den Ersten Wiener Fußballclub. Das Stadion befindet sich noch heute auf der Hohen Warte gleich neben dem Heiligenstädter Park.

Von der ganzen Geschichte muss man nicht unbedingt wissen, um Erholung und Freude am Wasserspielplatz oder in anderen Bereichen des Parks zu finden. Die Kinder und auch Vögel lieben beispielsweise die Wasserfontänen. Die Natur holt einen immer wieder in die Gegenwart zurück, lässt einen durchatmen und Klarheit finden.

- Heiligenstädter Park, 1190 Wien
- ÖPNV: Haltestelle Armbrustergasse oder Döblinger Bad

PFADFINDERGRUPPE 83

Unter Bäumen zu Hause

48

Naturnahes Wohnen im Hundertwasserhaus

Der Natur ihren Platz in der Stadt zurückgeben, mit begrünten Dächern und Balkonen, und vor jedem Fenster dürfen Pflanzen wachsen, am besten Bäume, so wünschte es sich Friedensreich Hundertwasser. Als er in den 1970er- und 1980er-Jahren in Wien lebte, war die Stadt grau, die Fassaden waren teilweise schwarz. Sein Bestreben, die Natur in die Straßen zurückzubringen und dadurch die Lebensqualität der Menschen zu erhöhen, war damals geradezu revolutionär. Das viele Grün und die Farben der Natur sollten die Stadt beleben. Hundertwasser forderte und verbaute auch unebene Wege und nannte sie „Melodie für die Füße". Seine Regel lautete: Für jeden Menschenmieter sollte es einen Baummieter geben.

Die Dächer seiner Häuser sind Flach- oder Walmdächer, die komplett begrünt und mit flach wurzelnden Bäumen bepflanzt oder zumindest mit einer Grasdecke bewachsen sind. Für den Künstler stand das Wohltuende im Kontakt mit der Natur im Vordergrund. Das Grün der Pflanzen und die kräftigen Farben der Blumen waren die Inspiration für seine bunten Fassaden. Auch Wasser ist vorhanden, in Form von Brunnen oder Wasserläufen entlang von Treppengeländern und in Bodenrinnen. Alles darf fließen und ist miteinander verbunden.

TIPP

Im Kunsthaus erfährt man Spannendes über den Künstler Friedensreich Hundertwasser und seine Werke.

Beobachtet man die vielen Besucher vom Terrassen-Café aus, entsteht der Eindruck, dass es nach wie vor eine große Sehnsucht nach Grün und Farben in der Stadt gibt. Hundertwasser hatte noch mehr Ideen für das Wohnhaus der Stadt Wien mit seinen 52 Wohnungen. Er wollte eine Schafherde am Dach wissen, die das Gras frisst, sowie eine Humustoilette. Beides wurde nicht verwirklicht. Für ihn war die Natur die Quelle der universellen Harmonie. Unweit vom Wohnhaus schuf er das Kunst Haus, ein Museum für seine Gemälde, wo man seine Idee von Architektur hautnah erleben kann. Viele von Hundertwassers Gemälden sind Varianten seiner Lebensspirale, die sich von innen nach außen entfaltet. Sein drittes Werk ist die Schiffsanlegestelle am Donaukanal, auch sie hat ein kleines begrüntes Dach.

● Hundertwasserhaus, Kegelgasse 36–38, 1030 Wien
www.hundertwasser-haus.info
● ÖPNV: Haltestelle Hetzgasse

Grüner Prachtboulevard

49

Natur und Architektur an der Ringstraße

Auf 5,5 Kilometern führt die Ringstraße, von den Wienern kurz „der Ring“ genannt, um die Wiener Altstadt. Als es noch die mächtige Stadtmauer gab, befand man sich im Gebiet der heutigen Ringstraße außerhalb von Wien, auf dem begrünten, als Glacis bekannten Verteidigungsgelände. Noch etwas weiter außerhalb begannen die Dörfer, die um 1900 zu den heutigen Bezirken zusammengefasst wurden. So war die Ringstraße als Schmuckbordüre zwischen der historischen Altstadt und den Vorstädten gedacht. Eine Prachtstraße mit kaiserlichen Gebäuden: der Hofoper, den ehemals kaiserlichen Museen, dem Burgtheater und dem neuen Wiener Rathaus sowie der Universität. Das Parlament dazwischen musste der Kaiser akzeptieren. Die Zeiten änderten sich.

TIPP

Bei einer Fahrt mit der Straßenbahn D, 2 oder 71 lässt sich ein Teil der Ringstraße bequem erkunden.

Neben all den Prachtbauten und den nicht minder beeindruckenden privaten Wohnpalais der Industriellen und Bankiers wurden viele Parks und kleinere Grünflächen angelegt. Zwischen den Gebäuden und der Fahrbahn säumen noch heute etwa 2000 Bäume auf langen Grünstreifen die Ringstraße. In der doppelten Allee mit zwei parallel gesetzten Baumreihen an beiden Seiten und Rad- und Gehwegen dazwischen stehen heute hauptsächlich Linden, Ahornbäume und Platanen. Der Schatten der Baumkronen schützt an heißen Tagen sowohl Fußgänger als auch Radfahrer vor der direkten Sonne. Außerdem sind sie Lebensraum für Vögel, Eichhörnchen und andere Kleintiere. Sie sorgen für eine bessere Luftqualität, indem sie den Staub filtern, die Umgebung kühlen und die Luftfeuchtigkeit ausgleichen. An heißen Tagen ist man dankbar für das Wohlfühlklima unter den Bäumen. So verschönern die grünen Riesen nicht nur die Stadt, sie machen sie auch lebenswerter.

Die prächtige und abends festlich beleuchtete Straße ist vielleicht nicht der ruhigste grüne Ort von Wien, glücklich macht der Anblick der schönen Plätze, Parks und Gebäude allemal. Ein Glück ist auch, dass die Grünflächen und Bauten denkmalgeschützt sind und somit einer weiteren Verbauung ein Riegel vorgeschoben ist.

● Stubenring, Parkring, Schubertring, Kärntner Ring, Opernring, Burgring, Dr.-Karl-Renner-Ring, Universitätsring, Schottenring, 1010 Wien
● ÖPNV: alle Haltestellen an der Ringstraße

Entspannen auf der Wiese

50

Picknick bei Gitarrenmusik im Burggarten

Der einst kaiserliche Privatgarten lädt seine Besucher heute zum gemütlichen Verweilen auf großzügigen Wiesenflächen ein. Die alten Bäume erfreuen im Frühjahr mit ihren Blüten und sind, unabhängig von der Jahreszeit, beliebte Rückenlehnen für Erholungssuchende. Ob mit Picknickdecke und Spielsachen, Gitarre oder Didgeridoo ausgerüstet, im Burggarten findet jeder sein Lieblingsplätzchen. Das fröhliche Treiben ist wahrhaft ein Schatz inmitten der Großstadt. Und auch eine Besonderheit. Nicht alle historischen Gärten dürfen so frei und unkompliziert genutzt und deren Rasenflächen zum Liegen und Genießen verwendet werden.

Wer sich den Kaffee lieber servieren lässt, als ihn selbst mitzubringen, sucht sich einen Platz im oder vor dem Café-Restaurant Palmenhaus an der Seite des Burggartens. Schon der Blick auf die Natur tut der Seele gut.

Beim entspannten Spazieren auf den Wegen, auf denen man sich wie in einem englischen Landschaftsgarten vorkommt, trifft man auf zwei Kaiserstatuen. Franz Stephan, der Gatte von Maria Theresia, reitet hoch zu Ross und erinnert uns an das 18. Jahrhundert. Er widmete sich begeistert den Naturwissenschaften. Ihm verdanken wir die Gründung des ältesten, heute noch existierenden Zoos der Welt im Garten von Schloss Schönbrunn und einen Großteil der Sammlungen im Naturhistorischen Museum. Die Naturgesetze, die Tier- und Pflanzenwelt haben ihn zeit seines Lebens fasziniert. Die zweite Statue ist Franz Joseph I. gewidmet. Der greise Kaiser spazierte zu Fuß durch den Burggarten, der bis zu seinem Tod 1916 sein privates Refugium neben der Hofburg, in der er residierte, war. Manchmal begleitete ihn sicher seine Frau, Kaiserin Elisabeth, auf seinen Wegen.

Einem besonders berühmten Österreicher ist die dritte Statue im Garten gewidmet: Wolfgang Amadeus Mozart, dargestellt als Don Giovanni, steht auf einem hohen Sockel vor einem Blumenbeet, das in Form eines Violinschlüssels gestaltet wurde.

TIPP

Im Frühjahr blühen die zahlreichen Pfingstrosen üppig und sind begehrte Fotomotive.

- Burggarten, 1010 Wien
- ÖPNV: Haltestelle Burgring oder Albertinaplatz

Unberührte Natur hautnah

51 Wildnis erkunden in den Donauauen

Für einen Ausflug in die Lobau bietet sich das Fahrrad an, ab der Bushaltestelle oder dem Parkplatz ist man jedoch auch zu Fuß bald im Grünen. Die Lobau ist der Wiener Teil des Nationalparks Donau-Auen und eine der letzten intakten Auenlandschaften Europas. Tiere und Pflanzen finden hier einen geschützten Lebensraum. Für uns Menschen gibt es Freizeitangebote wie Radfahren auf gekennzeichneten Wegen, Picknickwiesen, Aussichtsplattformen und Naturbadeplätze. Geführte Wanderungen oder spannende Exkursionen mit dem Nationalparkboot sind tolle Wochenendunternehmungen für Familien.

Die Natur schafft sich hier immer wieder ihre eigene Welt. Trotz Regulierungsmaßnahmen konnte sich das naturnahe Auengebiet erhalten. Ein Glücksort für Tiere, Pflanzen und Menschen. Was passiert, wenn der Mensch so wenig wie möglich eingreift? Oft ist weniger die Grundlage für mehr. Mehr als 800 Pflanzen, 30 Säugetier- und Brutvogelarten, 8 Reptilien- und 13 Amphibien- sowie 60 Fischarten leben in dieser geheimnisvollen Welt. In den Altarmen der Donau ist die Europäische Sumpfschildkröte zu Hause, außerdem sind Reiher, Kormorane, Eisvögel und Seeadler hier beheimatet. Der Eisvogel, auch der „fliegende Edelstein" genannt, ist das bunte Wahrzeichen des Nationalparks.

TIPP

Im Rahmen einer Kräuterwanderung kann man das eigene Wissen über die Heilkräfte der Natur erweitern.

Nicht nur für Vogelbeobachter, Tier- und Pflanzenliebhaber ist das Naherholungsgebiet eine wahre Bereicherung. In der Dechantlacke und der Panozzalacke kann man sogar schwimmen. Sie zählen zu den Wiener Naturbadeplätzen. Insgesamt 63 Kilometer frei zugängliche Naturbadeufer gibt es in Wien, die besonders im Hochsommer sehr beliebt sind. Die Panozzalacke kann zusätzlich mit dem Knusperhäuschen punkten, wo hungrige Gäste mit Eis und kleinen Snacks versorgt werden. Das Nationalparkhaus wien-lobAU ist frei zugänglich und mit Abenteuerspielplatz und Picknicktischen der ideale Ausgangspunkt für Erkundungen. In der Ausstellung tonAU und im AU-Kino stehen die Besonderheiten des Ökosystems Auwald im Mittelpunkt.

● Nationalpark Donau-Auen beim Nationalparkhaus wien-lobAU, Dechantweg 8, 1220 Wien, Tel. +43 (1) 4 00 04 94 95, www.nph-lobau.wien.at
● ÖPNV: Haltestelle Raffineriestraße/Biberhaufenweg

Lauschiges Blätterdach

52

Im Fähnrichshof den Vögeln zuhören

Ein Blick hinter die Fassaden eröffnet oft Wege in eine unerwartete Welt. Die Wiener Altstadt gehört zu den elegantesten Innenstädten Europas. Man könnte fast vergessen, dass innerhalb der Stadtmauern früher alle Gesellschaftsschichten dicht beisammen wohnten: die Adeligen in ihren Stadtpalais, das Bürgertum in seinen Häusern und das einfache Volk auf engstem Raum in Wohnhöfen. Diese boten neben den überfüllten Wohnungen zumindest Innenhöfe, die Licht, Luft und teilweise etwas Grün bereithielten. Heute sind diese Innenhöfe die Ruhepole der Stadt. Sobald man durch ihre Tore schreitet, betritt man eine andere Welt.
Der Fähnrichshof ist eine dieser Oasen. Eine besondere Anziehungskraft strahlt die alte Platane aus. Ein aufmerksamer Wiener hat den Baum bei der Stadt Wien unter Schutz stellen lassen. So wurde er ein offizielles Naturdenkmal und darf nicht gefällt werden. Eine Legende erzählt, dass sich einstmals die Tempelritter in diesem Hof und in den Kellern des Gebäudes versteckt hätten. Auch ein Teil ihres Schatzes soll hier gelagert gewesen sein. Das geheimnisvolle Templerschwert ist angeblich in der Baumkrone verborgen, gesehen hat es jedoch noch niemand.
Die Fassaden sind teilweise dicht mit Efeu bewachsen und bieten so neben der Platane Lebensraum für Vögel und andere Kleintiere. Eine Amsel singt lautstark und verbreitet Lebensfreude. Hier bleibt man gerne stehen und lauscht. Die Hektik des Alltags fällt ab. Dankbarkeit für Orte wie diesen breitet sich im Inneren aus, während man tief durchatmet.
Nach dem Zweiten Weltkrieg war die gesamte Anlage beschädigt und wurde nur notdürftig wieder aufgebaut. In den 1970er-Jahren waren die Gebäude teilweise abbruchreif. Immobilienentwickler standen schon in den Startlöchern, als die Stadt Wien eingriff und das Ensemble als erhaltenswert einstufte. Die Fassaden wurden saniert und die miteinander verbundenen Höfe wieder belebt. Das wird von den Bewohnern sehr geschätzt und Besucher, die sich leise verhalten, sind willkommen.

TIPP
Auch in anderen kleinen Gassen der Altstadt gibt es grüne Innenhofoasen zu entdecken.

- Fähnrichshof, Singerstraße 11, 1010 Wien
- ÖPNV: Haltestelle Stephansplatz

Farbenfrohe Welt

53 Die Welt in den Blumengärten Hirschstetten

Hier kommt die Einladung zu einem Ausflug in ein buntes Paradies auf Erden. Die Blumengärten Hirschstetten sind eine wahre Schatztruhe, gefüllt mit bunten Farben, unterschiedlichen Pflanzenarten und einer Vielfalt an Gartengestaltung. Jeder der Themengärten hat seinen eigenen Farbenzauber und eine ihm innewohnende Harmonie, die wohltuend auf die Besucher wirkt. In den dicht bepflanzten Beeten vor dem hübschen grünen Pavillon erstrahlen die schönsten Sommerblumen, gleich dahinter laden Gartenschaukeln zu einem Moment der Muße und des süßen Nichtstuns ein. Ein Spaziergang durch alle Bereiche gleicht einer Weltreise: Man trifft auf Gärten aus der Provence, aus England, Indien und Mexiko, auf ein tropisches Palmenhaus und sogar auf einen TCM-Garten. Die Anlagen für Tiere und die Glashäuser mitgezählt, gibt es 35 verschiedene Areale, in denen man gerne die Zeit vergisst. Welcher Garten wirkt besonders beruhigend, welcher weckt die Sinne?

Den Blumengärten ist es wichtig, ihren Beitrag zur Erhaltung der Natur zu leisten. Sie haben es sich zum Ziel gesetzt, Kinder und Erwachsene für den Schutz von Pflanzen, Tieren und ihren Lebensräumen zu begeistern. In Führungen und Workshops werden Zusammenhänge erklärt. Bei der Bauernhofführung dürfen die kleinsten Schafe der Welt gefüttert und gestreichelt werden, und während des Bienenwelt-Workshops beobachtet man die fleißigen Honigsammler im begehbaren Bienenhaus und lernt die Imkerwerkzeuge kennen. Das neu gewonnene Wissen soll zu mehr Achtsamkeit und Verständnis gegenüber Pflanzen und Tieren führen. Ganz praktische Inspiration bekommt man in den „kleinen Gärten", wo Anregungen für minimale Grünbereiche in der Großstadt gegeben werden. Wie gestaltet man einen winzigen Balkon oder eine Dachterrasse? Von der Familienoase bis zum Partygarten gibt es hier kreative Ideen.

Nach einem Tag in den farbenfrohen Gärten bleibt der Eindruck von der unendlichen Fülle der Natur, in der wir Kraft sammeln können und mit der wir magisch verbunden sind.

TIPP

An heißen Sommertagen bietet der nahe gelegene Badeteich Hirschstetten Badespaß und Abkühlung.

- Blumengärten Hirschstetten, Quadenstraße 15, 1220 Wien, Tel. +43 (1) 40 00 80 42
- ÖPNV: Haltestelle Blumengärten Hirschstetten

Spiel und Spaß

54 Minigolf-Skulpturenpark vor dem MQ

Wer spielt heute noch Minigolf? Der feine, von französischer und italienischer Strandbadromantik im Stil der 50er-Jahre inspirierte Minigolf-Skulpturenpark vor dem MuseumsQuartier ist eine charmante Einladung zu einem Revival der vielleicht etwas in Vergessenheit geratenen Freizeitbeschäftigung. Einem Künstlerkollektiv und einem Architekturbüro ist hier in Zusammenarbeit mit dem MQ ein entspannter Zugang zur Kunst gelungen. Das Urlaubsgefühl wird durch die gemütlichen Terrassen- und Strandmöbel neben den Oleandern und Blumentöpfen noch verstärkt. Also, los geht's! Zwölf kreativ und abwechslungsreich mit Skulpturen gestaltete Bahnen warten darauf, bespielt zu werden.

Am klassischen Kiosk neben den Bahnen erfolgt die Ausgabe der Schläger und Bälle, kühle Getränke bekommt man hier ebenfalls und schon ist die Ausrüstung für das Spielvergnügen komplett. Auch für Block und Stift im passenden Design zum Notieren der Punkte ist gesorgt. Gemeinsam den nächsten Abschlag zu überlegen und sich gegenseitig Tipps zu geben, schweißt die Mannschaft zusammen. Jede Taktik oder auch keine ist erlaubt, Experimente sind ebenso einen Versuch wert. Während Freunde und Familie am Ball sind, kann man sich auch gemütlich unter die Palmen setzen und entspannen.

TIPP

Nach einer Partie Minigolf kann man gemütlich durch die Höfe des MuseumsQuartiers spazieren.

Die Kulisse ist jedenfalls phänomenal, im Hintergrund ragen die grandiosen Gebäude des Kunsthistorischen und des Naturhistorischen Museums auf, der Maria-Theresien-Platz ist ganz nah, nebenan die alten Hofstallungen der Habsburger, die heute als MuseumsQuartier genutzt werden. Dazwischen übersieht man diese begrünte Spiel- und Freizeitoase leicht. Die Museumsstraße ist stark befahren, beim Spielen wird sie jedoch kaum wahrgenommen. Die Bepflanzung, die Sonnenschirme und die Bahnen mit den Kunstobjekten lassen einen schnell vergessen, dass man mitten in der Stadt ist. Zu späterer Stunde entsteht durch das sanfte Licht der Lampen herrliches Sommerabendfeeling und lässt das Leben wunderbar leicht erscheinen.

● MQ Amore Minigolf-Skulpturenpark, Museumsplatz 1, 1070 Wien, Tel. +43 (6 99) 14 64 31 60, www.mqw.at
● ÖPNV: Haltestelle Volkstheater

Hoch über der Donau

55 Rundblick ins Wiener Becken vom Leopoldsberg

Der Leopoldsberg ist der nordöstliche Ausläufer der Alpen. Gemeinsam mit dem gegenüberliegenden und etwas weiter nördlich befindlichen Bisamberg bildet er die Wiener Pforte, wo die Donau in das Wiener Becken eintritt. Steil über dem Fluss gelegen, ist der Ausblick über Wien und die Donau von hier am schönsten. An dieser strategisch wichtigen Stelle errichtete der Babenberger Markgraf Leopold III. im 12. Jahrhundert auf 425 Metern eine Burg, in der er 1136 auch starb. Damals hieß der Burgberg Kahlenberg. Wahrscheinlich wegen der kahlen Felsen am Abhang.

Schon im Frühmittelalter entstanden Weingärten an den Hängen des Kahlenbergs. Der Habsburger Kaiser Leopold I. gelobte nach dem Ende einer Pestepidemie, eine Kapelle auf dem Berg zu stiften, die dem heiliggesprochenen Markgrafen Leopold III. gewidmet wurde. Nach der erfolgreichen Entsatzschlacht gegen die Osmanen, bei der Wien in letzter Minute befreit wurde, ließ Leopold I. die Kapelle, die zerstört worden war, wieder aufbauen und erneut dem heiligen Leopold weihen. Daraufhin erhielt der gesamte Hügel den Namen „Leopoldsberg". Westlich davon lag der Sauberg, der nun den Namen „Kahlenberg" bekam. Aber lassen wir uns von dieser Namensänderung nicht verwirren.

TIPP
Den Sonnenaufgang am Leopoldsberg zu erleben, ist ein unvergessliches Erlebnis.

Das Burgareal wurde vom Eigentümer, dem Stift Klosterneuburg, für die Dauer von 100 Jahren verpachtet. Seither finden Renovierungsarbeiten statt, der Weg lohnt sich dennoch. Der Blick auf die Donau, auf Wien und die Weinberge ist atemberaubend. Wenn man ein bisschen sucht, findet man eine stille Bank und kann das Panorama unter Schatten spendenden Bäumen genießen. Es hat etwas Beruhigendes, dass der Berg allen Ereignissen stoisch standhielt. Seit Jahrhunderten blicken die Menschen von diesem Punkt aus ins Tal, donauaufwärts Richtung Klosterneuburg und donauabwärts nach Wien und weiter nach Bratislava. Die slowakische Hauptstadt ist bei guter Sicht in der Ferne klar erkennbar.

- Leopoldsberg, 1190 Wien
- ÖPNV: Haltestelle Leopoldsberg

Leben am Badeteich

56 Smarte grüne Seestadt Aspern

Damit sich Menschen wohlfühlen und gut in einer Stadt leben können, braucht es Wohnraum, der die Bedürfnisse der Bewohner berücksichtigt. In der Seestadt ist die Geburt eines lebenswerten Stadtteils gelungen. Die Geschichte des 2,4 Quadratkilometer großen Areals ist schnell erzählt: Ursprünglich landwirtschaftliche Flächen wurden ab 1912 zum Flughafen und Flugfeld umgewandelt und als solche bis in die 1970er-Jahre genutzt. Da Wiens Einwohnerzahlen steigen, baut die Stadt kontinuierlich. Hier in der Seestadt wurden 50 Prozent der Flächen verbaut, die andere Hälfte ist öffentlicher Raum.

Das Herzstück ist der 5 Hektar große, frei zugängliche See mit türkis schimmerndem Wasser und Kieselstrand. Da kommen Urlaubsgefühle auf. Die Bewohner und Besucher genießen das Strandflair, gehen schwimmen und treffen sich im Seepark. Die zwei Strandbereiche liegen direkt vor der Haustür, einen kürzeren Weg ins Urlaubsvergnügen gibt es in der Ferienzeit nicht. Und auch in ruhigeren Zeiten sind das Wasser und die Promenade eine Kraftoase und ideal für Spaziergänge und Laufrunden geeignet.

TIPP

Die U 2 bringt einen direkt in diesen jungen Stadtteil, der gerade im Entstehen ist.

Neuhinzugezogene werden willkommen geheißen und begleitet. Ihre Bedürfnisse und Erfahrungen werden festgehalten und daraus Vorschläge für Verbesserungen entwickelt. Alle Bewohner erhalten einen Einkaufstrolley als Anregung, zu Fuß einkaufen zu gehen. Leistbar, urban, bodensparend und durchmischt sind prägende Leitlinien. Die Straßen und Plätze sind mit wenigen Ausnahmen nach Frauen benannt: Hannah Arendt, Zaha Hadid, Édith Piaf, Simone de Beauvoir oder Janis Joplin.

Viele der Gebäude erfüllen die Smart-City-Ziele. Photovoltaikanlagen, Wärmepumpen, Regenwassernutzung, Passivhausstandard und Niedrigenergie sind generelle Charakteristika der Wohnhäuser. Eines der weltweit höchsten Holzhäuser steht in der Seestadt, es ist 84 Meter hoch. So versucht man nicht nur, Grünraum zur Erholung zur Verfügung zu stellen, sondern auch ganz allgemein zum Schutz der Natur beizutragen.

● Seestadt Aspern, Seestadtstraße, 1220 Wien
www.aspern-seestadt.at
● ÖPNV: Haltestelle Seestadt

Geteilte Gartenfreuden

57 Erholung für alle im Liechtensteinpark

Der Liechtensteinpark ist eine Oase mitten im dicht bebauten 9. Bezirk, wo sich die Wiener erholen und auf Bänken Zeit im Grünen verbringen können. Das barocke Gartenpalais in der Rossau war ein Projekt des sehr ambitionierten Fürsten Johann Adam Andreas von Liechtenstein. Zwischen Flussarmen im Sumpfgebiet gelegen, war die Gegend nicht sehr ansehnlich und auch nicht als Baugrund geeignet. Doch der Fürst hatte Pläne und ließ die Gründe trockenlegen, das Gartenpalais bauen und einen Park anlegen. Er kultivierte das Land und spendete Geld für eine Kirche. In der Lichtentaler Pfarrkirche wird später Franz Schubert getauft werden und dort einige seiner Werke aufführen. Der Schubertbrunnen an der Außenmauer des Schlossgartens, Ecke Liechtensteinstraße/Alserbachstraße erinnert noch heute an den berühmten Bewohner dieser Gegend.

TIPP

Freitags werden Führungen durch das Gartenpalais angeboten. Unbedingt vorher anmelden!

Das Gartenpalais war für vergnügliche Sommerveranstaltungen gedacht, der Marmorsaal im ersten Stock des Gebäudes ist das zentrale Element. Eine Gemäldegalerie, eine Bibliothek und kühle, luftige Aufenthaltsräume für die Familie und ihre Gäste ergänzen den Sommerpalast der Liechtensteins. Gewohnt hat man im Stadtpalais. Beide Schlösser sind bis heute im Besitz des Fürsten von Liechtenstein.

Der Park ist untertags für Besucher geöffnet und auch einen Kinderspielplatz gibt es auf dem Gelände. Im Sommer werden herrliche Zitrusbäume auf exakt positionierte Abstellflächen vor das Palais gestellt und harmonieren so mit der Symmetrie des barocken Gebäudes. Spaziert man rechts am Palais vorbei Richtung Garten, laden Ginkgobäume zum Bestaunen der Blätter ein: Sie sind meist herzförmig, weisen kräftige Rillen auf und verfärben sich im Herbst wunderschön gelb. Unweit der Ginkgobäume steht in einer der Nischen eine Bacchus-Figur, die den Weg in den Garten weist. An der Rückseite des Schlosses erwartet ein barocker Garten die Besucher, weiter hinten, wo früher ein luftiger Pavillon stand, wurde ein englischer Landschaftsgarten angelegt.

- Gartenpalais im Liechtensteinpark, Fürstengasse 1, 1090 Wien
- ÖPNV: Haltestelle Bauernfeldplatz oder Franz-Josefs-Bahnhof

Versteckter Weingarten

58

Saftige Trauben am Schwarzenbergplatz

Der Wein und die süßen Legenden über den Rebensaft ranken sich in Wien bis ins Stadtzentrum. Auf dem sonst gar nicht grünen Schwarzenbergplatz, wo zwischen den prunkvollen Bauten ehemaliger Barone Autos, Straßenbahnen und Fußgänger unterwegs sind, versteckt sich im Vorgarten des Palais Wiener von Welten Wiens kleinster Weingarten. Mehr als 60 Rebstöcke vom Döblinger Weingut Mayer am Pfarrplatz treiben hier jedes Jahr neue Blätter und Blüten. Den vorbeieilenden Menschen rufen sie zu, doch eine kurze Pause im Alltag einzulegen und sich am frischen Grün der Weinstöcke zu erfreuen.

Jeden Herbst werden die Trauben sorgfältig geerntet. Wie es der Wiener Weinhauer-Tradition seit 1999 entspricht, legt der Bürgermeister bei der Weinlese selbst Hand an und der Dompfarrer von St. Stephan spendet seinen Segen. Pro Jahr schenkt der knapp 10 Quadratmeter kleine Weingarten den Wienern etwa 40 bis 60 Flaschen Wein, die für einen guten Zweck versteigert werden. Der einzigartige Stadtweingarten ist langsam gewachsen und einem Herrn Gerdenitsch zu verdanken. Er kümmerte sich um das Haus am Schwarzenbergplatz Nummer 2 und setzte 1924 erfolgreich den ersten Rebstock. Jahr für Jahr pflanzte er weitere Rebstöcke, bis sein persönliches Projekt auch andere Unterstützer fand und daraus ein echter Weingarten wurde. Die historisch gewachsene Mischung aus verschiedenen Rebsorten ist typisch für Wien. Das an Geschmacksnoten reiche Ergebnis im Glas kann sich sehen und genießen lassen. Genannt wird dieser feine Tropfen Wiener Gemischter Satz, er hat mittlerweile sogar den DAC-Status erlangt.

Zurück auf dem Schwarzenbergplatz erinnert ein Reiterstandbild an die Heldentaten des Fürsten Schwarzenberg bei der Völkerschlacht bei Leipzig, im Hintergrund prangt der Hochstrahlbrunnen, der anlässlich der Vollendung der Zweiten Wiener Hochquellwasserleitung gebaut wurde. Nach diesem Rundblick kehren wir gerne zu unserer kleinen grünen Oase zurück, einem freundlichen Flecken Natur mitten in der Stadt.

TIPP

Im Café Schwarzenberg eine Melange bestellen und in die Wiener Kaffeehausatmosphäre eintauchen.

- Palais Wiener von Welten, Schwarzenbergplatz 2, 1010 Wien
- ÖPNV: Haltestelle Schwarzenbergplatz

Bunter Platz für alle

59 Vielfältiges Naherholungsgebiet Donaupark

Möchte man einen abwechslungsreichen Tag verbringen, ist man im Donaupark richtig. Die weitläufige, 630.000 Quadratmeter große Grünanlage wurde anlässlich der Wiener Internationalen Gartenschau 1964 errichtet. Auch der 250 Meter hohe Donauturm, damals Sinnbild für Zukunft und Fortschritt, war Teil des grünen Projekts. Im Inneren des Turms fährt ein Aufzug zum Restaurant, das sich dreht und so während des Essens einen traumhaften Ausblick garantiert.

Ein Rundgang durch den Park begeistert durch unzählige Erholungsbereiche. Die Picknickbänke eignen sich ideal für eine Kindergeburtstagsfeier auf der Wiese, die Holzbänke und Tische sind fröhlich dekoriert. Es gibt allerlei Spiele und als Abschluss fährt die ganze Geburtstagsgesellschaft eine Runde mit der Donauparkbahn. Diese zieht seit 1963 jeden Sommer ab dem Sparefroh-Spielplatz gegen den Uhrzeigersinn ihre Kreise. Bis heute sind die Originalloks aus den 1960er-Jahren im Einsatz und halten an der 3,4 Kilometer langen Strecke an drei Stationen.

TIPP

In der Imkerschule werden Kurse angeboten, bei denen man Spannendes über Bienen lernt.

An den Wochenenden im Juli und August bietet die Bühne Donaupark bei kostenlosem Eintritt Musik und Kabarettprogramm und sorgt für tolle Stimmung unter freiem Himmel. In der Nähe der Bühne gibt es Tennisplätze, die man gratis bespielen kann, sowie Tischtennistische und ein Pétanque-Areal. Das Angebot wird intensiv genutzt, und auch wenn viele Menschen da sind, ist die Atmosphäre angenehm und entspannt.

Ruhiger wird es beim Irissee, an dessen Ufer sich das Korea Kulturhaus befindet und über den eine Brücke führt. Immer wieder spaziert man vorbei an Kunstwerken und Statuen. Mitten im Park trifft man auf Schachspieler, die konzentriert auf begehbaren Schachbrettern stehen. 1983 war der Papst in Wien und hielt eine Eucharistiefeier mit 350.000 Menschen auf einer Wiese im Donaupark ab. Das dafür errichtete 40 Meter hohe Stahlkreuz erinnert bis heute daran. Es gab Abrisspläne, die aber nicht umgesetzt wurden, und mit der Zeit wurde das Papstkreuz zum Treffpunkt für die Parkbesucher.

- Donaupark, 1220 Wien
- ÖPNV: Haltestelle Donauturm

In Sisis Zauberwald

60 Auszeit im Lainzer Tiergarten

Nachdem man den Lainzer Tiergarten durch eines der Tore betreten hat, fällt die Hektik des Alltags wie selbstverständlich ab. Die Verbundenheit mit der Natur wird in diesem Stück Wienerwald ganz am Rande der Großstadt sofort spürbar. Die Anlage gehörte einst der kaiserlichen Familie, den Habsburgern, die sie als Jagdgebiet nutzten und mit einer Mauer von 22 Kilometern einfassen ließen. Im späten 19. Jahrhundert baute Kaiser Franz Joseph seiner Gemahlin eine private Villa mitten im Wald. Die Hermesvilla sollte Sisis Schloss der Träume werden. Kaiserin Elisabeth fühlte sich in der Natur und bei ihren Pferden und Hunden wohler als in der adeligen Gesellschaft.

Im Inneren des Gebäudes laden heute sowohl ein Museum als auch ein Café zum Verweilen ein. Ein Teil der Räume wird vom Wien Museum betreut. Hier kann man eintauchen in die Welt, die Franz Joseph für seine Elisabeth erschaffen ließ. Die beiden verbrachten jedes Jahr ein paar Tage in der Hermesvilla, manchmal sogar einige Wochen. Der Kaiser hatte gehofft, Sisi mit diesem Geschenk eine Möglichkeit zu bieten, ihr Fernweh zu stillen, und sie öfter in der Nähe von Wien halten zu können.

Die Spazierwege führen durch den Wald, über Wiesen und durch Wildgehege. Auch im Sommer ist eine erfrischende Kühle zu spüren. Rehe, Hirsche und vor allem Wildschweine leben im Lainzer Tiergarten und können von Weitem beobachtet werden. Wem nach dem Spaziergang nach einer Stärkung zumute ist, der wird in den Hütten und Gasthäusern Rohrhaus und Hirschgstemm fündig. Sisis Zauberwald ist auch ein Abenteuerort für Kinder. Spielplätze und die vielen Tiere lassen die Herzen der Kleinen höherschlagen.

Vom „Wiener Blick“ schaut man Richtung Stadt und wird mit einer herrlichen Aussicht belohnt. Besonders genießen lässt sich dieser Moment auf einer der schönen Holzbänke. Am Weg nach Hause wird im Frühjahr gerne Bärlauch gesammelt. Der Wald duftet um diese Jahreszeit intensiv nach den geschmackvollen grünen Blättern.

TIPP

Sisi-Fans können in der Hermesvilla auf Kaiserin Elisabeths Spuren wandeln.

● Lainzer Tiergarten, Lainzer Tor, 1130 Wien, Tel. +43 (1) 4 00 04 92 00
www.lainzer-tiergarten.at
● ÖPNV: Haltestelle Lainzer Tor

Genuss unterm Blätterdach

61

Geselliges Beisammensein im Amerlingbeisl

Draußen zu sitzen ist im Sommer in Wien sehr populär. Jedes Restaurant und jede Bar baut einen Gastgarten auf dem Gehweg auf, sobald es wärmer wird. Noch beliebter sind Innenhofgärten; ohne Autolärm und vorbeigehende Menschen isst, trinkt und plaudert es sich einfach besser. Das Amerlingbeisl gehört zu den Klassikern dieser begrünten Oasen. Eine gute Küche bunt gemischter Herkunft – wienerisch, mediterran und orientalisch – wird hier aufgetischt. Oder man trifft sich abends auf einen Drink und blickt durch das Weinlaub in den Sternenhimmel.

Das Amerlinghaus, benannt nach dem Maler Friedrich von Amerling, der hier geboren wurde, stammt aus dem Jahr 1700 und gehört zu den älteren Gebäuden des Spittelbergs. Die Gegend ist bekannt für ihre kleinen, nur zwei bis drei Stockwerke hohen und wunderschön renovierten Häuser. Schon vor dem Beisl existierte hier das Kulturzentrum Spittelberg. In den 1970ern, als die Umgebung ein Arbeiter- und Migrantenviertel war, besetzte eine Gruppe von Studenten, Künstlerinnen, Sozialarbeitern und Bewohnerinnen das im Besitz der Stadt befindliche Haus. Es stand damals leer und war desolat, wie viele Häuser am Spittelberg. Man wollte die Kommunikation zwischen den Generationen fördern, Kinderbetreuung und ein Kulturprogramm anbieten, Gespräche mit Politikern und Aktivistinnen organisieren. Das Medienecho war groß und positiv. Die Verhandlungen verliefen gut, die Renovierung des Amerlinghauses wurde beschlossen und die Schlüssel 1978 offiziell an den Verein Kulturzentrum Spittelberg übergeben.

TIPP

Die romantische Biedermeier-Umgebung am Spittelberg erkunden. Der Weihnachtsmarkt ist sehr schön.

Die Kulturinitiative stieß unbewusst eine Entwicklung des gesamten Areals an. Mehr und mehr Häuser wurden saniert. Die Bevölkerungsstruktur entwickelte sich hin zu besserverdienenden alternativ-liberalen Bewohnern. Der Spittelberg wurde teurer und ein beliebtes Vorzeigeviertel. Wenn auch die harten Auseinandersetzungen der Gründungsjahre der Vergangenheit angehören, ist das Kulturzentrum ein Ort für kritische Projekte und alternative Denkmodelle geblieben.

- Amerlingbeisl, Stiftgasse 8, 1070 Wien, Tel. +43 (1) 5 26 16 60
www.amerlingbeisl.at
- ÖPNV: Haltestelle Stiftgasse

Grünes Kinderparadies

62 Rutschen auf der Jesuitenwiese im Prater

Die weitläufige Wiese hat ihren Namen vom ehemaligen Besitzer, dem Jesuitenorden, welchem dieser Teil des Praters einst gehörte. In Wien kennt jedes Kind die Jesuitenwiese, sie ist berühmt für den besten aller Spielplätze. Ein grüner Glücksort für Familien und deren Freunde. Während die Kinder an der langen Rutsche anstehen und mit ziemlich hoher Geschwindigkeit und dementsprechend begeistertem Gejohle unterwegs sind, sitzen die Eltern und Großeltern auf Picknickdecken oder an den großen Holztischen. Die Proviantkörbe wurden sorgfältig gepackt. Auch die Riesenschaukel ist eine Attraktion und äußerst beliebt. Für die Kleineren wurden Klettermöglichkeiten, zu erklimmende Holzhäuser und Burgen sowie ausgedehnte Sandspielbereiche geschaffen. Die Wiese ist groß genug, um etwas weiter entfernt eine Mußestunde zu verbringen. Hängematten werden zwischen Bäumen aufgespannt und mitgebrachte Picknickstühle im Schatten aufgestellt. Endlich ein Buch lesen und die Seele baumeln lassen! Wer nach einem erholsamen Schläfchen aktiv werden möchte, den lädt die ebene Grünfläche zum Badmintonspielen und Ballwerfen ein. So manches Strandspielgerät findet hier wieder Verwendung. Das Spiel- und Erholungsparadies ist auch mit einer modernen Toilettenanlage inklusive Waschtisch ausgestattet. Wer nicht mit dem Rad kommt, nimmt die Straßenbahn 1, die bis in den grünen Prater fährt.

TIPP
Mit dem Rad lässt sich der Prater von der Hauptallee bis zu den stillen Donau-Altarmen erkunden.

Der Prater ist ein circa 6 Quadratkilometer großes Areal mitten in der Stadt im 2. Bezirk und gehörte früher zum kaiserlichen Jagdgebiet. 1766 wurde es für die Bevölkerung geöffnet und sollte den Menschen nach getaner Arbeit zur geistigen Erholung und körperlichen Ertüchtigung dienen. Neben dem Vergnügungspark, dem Wurstelprater, siedelten sich auch im Wald- und Wiesenbereich Cafés und Restaurants an. Sogar das berühmte Hotel Sacher hatte einen Sacher-Garten im Prater unweit von der Jesuitenwiese am Konstantinhügel.

- Jesuitenwiese, Rustenschacherallee, 1020 Wien
- ÖPNV: Haltestelle Wittelsbachstraße

Kühlendes Fassadengrün

63 Das wohltuend bepflanzte 48er-Haus

Sommer in der Stadt, das kann eine heiße Sache sein. Die steigenden Temperaturen treiben die Suche nach Lösungen voran, und um möglichst angenehme Wohnbedingungen für die Bevölkerung zu gewährleisten, arbeitet auch die Stadt Wien an vielen Ideen. Schon 2010 als Pilotprojekt begonnen und bis heute ein Erfolg ist die grüne Fassade der Zentrale der Magistratsabteilung MA48, der Straßenreinigung und Abfallwirtschaft der Stadt Wien. Am intensiv befahrenen Gürtel wurden auf 850 Quadratmetern 2850 Laufmeter Pflanzentröge montiert. Gepflanzt wurden 60 verschiedene Arten, darunter Federnelke, Schafgarbe und Blaugräser sowie Kräuter wie Katzenminze und Echter Thymian, die bis zu 60 Zentimeter hoch werden. Die circa 17.000 Pflanzen blühen im Sommer teilweise farbenfroh und sind auch Lebensraum für Insekten und Vögel. Bienen finden in den Blüten Nahrungsquellen und kleine Vögel nutzen die Tröge als Nistplätze. Bepflanzte Flächen heizen sich im Sommer nicht so stark auf und sind auch optisch ein Hingucker. Der Bau aus den 1960er-Jahren hat in jeder Hinsicht gewonnen.

Gerade an einer stark befahrenen Straße wie dem Gürtel ist eine grüne Pflanzenfassade für die Augen und das Gemüt eine wahre Wohltat. Obwohl der Blick im Vorbeifahren oft nur kurz ist, tut die Erinnerung an die Natur gut und stimmt positiv. Das Projekt wird seit Beginn wissenschaftlich begleitet und die Ergebnisse können sich sehen lassen. Das Pflanzenkleid ist ein wahres Wunder. Es bietet Regen- und Windschutz, wirkt sich positiv auf die Wärmedämmung aus und reduziert störende Umgebungsgeräusche. Die Pflanzen sind auch eine natürliche Klimaanlage und kühlen erstaunlich gut. Man könnte sagen, dass die MA48 die Wiener täglich glücklich macht. Wien ist unter anderem aufgrund seiner Sauberkeit und der Fülle an grünen Orten eine der lebenswertesten Städte der Welt. Hier gilt es, den Wiener Stadtgärten und der MA48 einen großen Dank auszusprechen.

TIPP

Von Mittwoch bis Samstag beim 48er-Tandler im 5. und im 22. Bezirk schmökern und Raritäten finden.

- 48er-Haus, Einsiedlergasse 2, 1050 Wien
- ÖPNV: Haltestelle Eichenstraße

30
Zone

Ausflug in die Natur

64 Wandern im Wienerwald auf die Sophienalpe

Bewegung im Grünen wirkt Wunder für Geist und Körper. Wien hat insgesamt 14 ausgeschilderte und mit Überblickskarten versehene Stadtwanderwege. Wer alle Wege gegangen ist, kennt die Außenbezirke und vor allem die Naturgebiete der Stadt. Die Stadtwanderwege sind eine wunderbare Gelegenheit, den eigenen grünen Horizont zu erweitern und über bisher unentdeckte Plätze zu staunen. Es tut einfach gut, als Abwechslung zum Stadtleben in unberührter Natur frische Luft zu tanken. Alle Startpunkte sind mit öffentlichen Verkehrsmitteln erreichbar. Für Ehrgeizige gibt es Stempel und eine Wandernadel am Ende.
Der Stadtwanderweg 8 führt hinauf zur Sophienalpe. Ab dem Ausgangspunkt mit dem klingenden Namen „Kasgraben" geht es los über Forststraßen und Waldwege, über sanfte, mit Wiesen bewachsene Hügel zur Mostalm und weiter zur Sophienalpe. Erzherzogin Sophie verbrachte hier mehrere Sommer. Ihrem Mann hat man den nahe gelegenen Aussichtspunkt Franz-Karl-Fernsicht gewidmet. 1872 wurde eine Standseilbahn auf die Alpe gebaut, die nur knapp 10 Jahre in Betrieb war. Aber für kurze Zeit waren die offenen viersitzigen Wagen, die an einem Seil hochgezogen wurden, die Attraktion. Das waldreiche Hochplateau bringt einen ganz nah an die unberührte Natur. Nur begleitet von Vogelgezwitscher und Bienensummen geht es Schritt für Schritt durch den Wienerwald. Hier gelingt es leicht, ganz im Moment zu sein und sich auf das Hier und Jetzt einzulassen. Weiter oben auf der großen Wiese kann man Sonne tanken, den mitgebrachten Proviant auspacken und genussvoll die Augen schließen, tief atmen und sich von der Ruhe und Schönheit der Natur überwältigen lassen.
Oben auf der Kuppe ist es oft windig, ideal, um einen Drachen steigen zu lassen. In der Nähe des traditionellen Ausflugsgasthauses findet man die seit Jahrzehnten beliebten, wenn auch etwas in die Jahre gekommenen Schaukeln auf der Wiese. Sie zaubern vielen Spaziergängern ein Lächeln ins Gesicht, wecken sie doch Kindheitserinnerungen.

TIPP

Mountainbiker finden hier wunderschöne, gut ausgeschilderte Strecken.

- Sophienalpe, Ausgangspunkt des Stadtwanderwegs 8 an der Mauerbachstraße 47, 1140 Wien
- ÖPNV: Haltestelle Kasgraben

MTB Wienerwald

Gemütliche Auszeit

65 Das Leben genießen beim Heurigen

Die Wiener Heurigen gehören auf jeden Fall zu den grünen Glücksorten. Doch welchen auswählen? Das ist eine fast unlösbare Aufgabe. In jedem Fall sind die Winzerhäuser mit ihren Gastgärten allesamt lauschige Plätzchen. Entweder man lässt sich gemütlich im mit Weinranken bewachsenen Innenhof oder im hinter dem Haus gelegenen Garten mit alten Bäumen nieder. Dort spendet das Blätterdach Schatten und bietet im Herbst eine bunte Kulisse, wenn sich das Laub verfärbt. Beim Heurigen sitzt man auf einfachen Bänken und an Holztischen. Der Wein wird serviert, das Essen holt man sich drinnen an der Theke. Als Imbiss oder Vorspeise empfehlen sich die typischen Aufstriche, vor allem der Liptauer hat beim Heurigen Tradition. Eine Schnitte vom Schweinsbraten, dazu Knödel und Sauerkraut, vielleicht noch einen Erdäpfelsalat zum Abendessen? Die Küche ist durchaus deftig, dazu genießt man den hauseigenen Wein.

Je nach Lust und Laune wird Weißwein mit Sodawasser gespritzt. Zur Sicherheit lässt man für eine größere Runde gleich eine Karaffe Wein und eine mit Wasser auf den Tisch stellen. Andere wiederum trinken den Wein nur pur und schwärmen von bestimmten Jahrgängen. Beim Heurigen geht es locker und entspannt zu. Ob Grüner Veltliner, Gemischter Satz, Riesling oder Weißburgunder, schmecken soll der Wein. Rote gibt es natürlich auch, meistens einen Zweigelt, Blaufränkisch oder St. Laurent.

Wenn man einen Heurigen wählen muss, empfiehlt sich der Weg nach Neustift zum Zimmermann. Etwas abseits und oberhalb der Hameaustraße gelegen, geht es die letzten Meter zu Fuß zum Weingut. Mitten im Weingarten sitzt man unter Bäumen vor und hinter dem Haus. Verschiedene Terrassenebenen bieten Platz für zahlreiche Gäste und dennoch fühlt es sich nicht voll an. Der Blick über die nebenan wachsenden Weinreben ist einmalig und lässt einen innerlich ankommen. Mit etwas Wetterglück erlebt man einen lauen Sommerabend mit Sonnenuntergang bei einem schönen Gläschen Wein.

TIPP

Im August findet der Neustifter Kirtag mit Umzug und geschmückter Hauerkrone statt.

- Weinhof Zimmermann, Mitterwurzergasse 20, 1190 Wien, Tel. +43 (1) 4 40 12 07 www.weinhof-zimmermann.at
- ÖPNV: Haltestelle Neustift/Agnesgasse

Grünraum für Fußgänger

66 Entschleunigt durch Resselpark und Karlsplatz

Grüne Plätze tun uns Menschen einfach gut. Auch wenn man oft an Bäumen und Blumenbeeten vorbeiläuft, zaubern sie ein Lächeln ins Gesicht und man freut sich über die vielen bunten Farben. Karlsplatz und Resselpark gehen ineinander über und werden täglich von vielen Menschen durchquert, die auf dem Weg zur U-Bahn, zur Technischen Universität, in die evangelische Schule, zum Konzert in den Musikverein, zur Ausstellung ins Künstlerhaus oder ins Wien Museum sind. Ruhesuchende lassen sich von diesem zielgerichteten Durchschreiten nicht stören. Sie haben längst ihr Plätzchen auf einer Bank vor der Karlskirche gefunden und bewundern die Spiegelung im Teich vor dem barocken Bauwerk. Im Sommer verleihen die zusätzlich aufgestellten Palmen dem Platz Urlaubsflair.

TIPP

Von der Altane der Kirche hat man einen tollen Blick auf den Karlsplatz.

Nicht nur die imposante, dem heiligen Karl Borromäus gewidmete Kirche gibt es hier zu sehen. Musikliebhaber kommen vielleicht gedanklich mit Johannes Brahms ins Gespräch und erinnern sich daran, wie gefeiert der gebürtige Hamburger hier in Wien war. Die Brahmsstatue steht etwas versteckt unter den Bäumen Richtung Musikverein. Dorthin war auch der Komponist täglich unterwegs, von seiner Wohnung hinter der Karlskirche spazierte er über den Platz zum berühmtesten Konzertgebäude von Wien. Im Inneren ist Brahms der kleinere der beiden historischen Konzertsäle gewidmet. Das Jahr über finden verschiedene Veranstaltungen unter den Bäumen und auf dem Platz vor der Kirche statt. Besonders beliebt sind im Winter der ART ADVENT und im Sommer das Popfest am Karlsplatz.

In der Nähe der Technischen Universität sind zwei Technikern Statuen gewidmet: Josef Ressel, dem Erfinder des Schiffspropellers, und Josef Madersperger, der an der Entwicklung der Nähmaschine gearbeitet hat. Ein Denkmal jüngeren Datums steht beim U-Bahn-Ausgang Richtung Resselpark: die Skulptur ARCUS, Schatten eines Regenbogens. Sie erinnert an homosexuelle Menschen, die von den Nationalsozialisten verfolgt wurden.

- Resselpark, Karlsplatz, 1040 Wien
- ÖPNV: Haltestelle Karlsplatz

planted

Idyllisches Geplätscher

67 Verweilen auf der Strudlhofstiege

Es gibt Orte, die einen unverhofft mit ihrem Charme verzaubern. Die etwas versteckt hinter der Liechtensteinstraße liegende Jugendstil-Stiegenanlage ist so ein Ort, der überrascht. Sie überwindet auf elegante Weise 11 Meter Höhenunterschied hinauf zur Strudlhofgasse. Die Stiege wurde 1910 erbaut und nach dem Bildhauer Peter von Strudl benannt. Er betrieb eine private Malerschule im Strudlhof, der sich oberhalb der Stiege befand. Die geschwungene Treppenanlage ist von Bäumen und Sträuchern eingesäumt und von Efeu bewachsen. Das Wechselspiel aus grün gestrichenem Geländer und weißem Stein, grünen Hängelampen und den Pflanzen hat eine anziehende und beruhigende Wirkung.
Kein Wunder, dass die Stiege auch den Wiener Schriftsteller Heimito von Doderer inspiriert hat. Er verfasste den Roman „Die Strudlhofstiege", der 1951 erschien, und wurde damit beinahe über Nacht berühmt. Heute kennen seine Werke nur noch Literaturliebhaber. Die Handlungsstränge der Geschichte laufen immer wieder auf der Strudlhofstiege zusammen. Und wie im Roman gehen auch heute täglich viele Menschen über die weit ausladende Treppenanlage, bleiben stehen und verschnaufen, blicken hinüber zum Palais Liechtenstein. Andere wiederum nutzen die Stiege als Treffpunkt oder gar für ein romantisches Stelldichein. Zu später Stunde sitzen dann Händchen haltende Verliebte auf der Bank unter den Kastanien.

TIPP
Im Literaturmuseum in der Johannesgasse im 1. Bezirk erfährt man mehr über Heimito von Doderer.

Die Wandbrunnen begleiten mit ihrem Plätschern jeden Schritt der Vorbeigehenden. Beim Brunnen mit dem Fischmaul als Wasserspeier wurden Granitsteine von Hand als Hintergrund gesetzt. Dort ist ein Textauszug von Heimito von Doderer angebracht: „Wenn die Blätter auf den Stufen liegen / herbstlich atmet aus den alten Stiegen / was vor Zeiten über sie gegangen. / Mond darin sich zweie dicht umfangen / hielten, leichte Schuh und schwere Tritte, / die bemooste Vase in der Mitte / überdauert Jahre zwischen Kriegen. / Viel ist hingesunken uns zur Trauer / und das Schöne zeigt die kleinste Dauer."

- Strudlhofstiege, Pasteurgasse, 1090 Wien
- ÖPNV: Haltestelle Bauernfeldplatz

Spielen unter Kastanien

68

Einladende Wiesen und Alleen im Augarten

Im ehemaligen habsburgischen Jagdgebiet kann man heute Jung und Alt beim Spielen beobachten. Oder selbst aktiv werden und Freunde und Familie zu einer Boccia-Partie unter den Kastanienalleen einladen. Nebenan auf der Wiese wird begeistert gekickt und aus den mitgebrachten Picknicktaschen ragen verschiedenste Outdoorspiele, die ausprobiert werden wollen. Es ist ein fröhliches Miteinander.

Fast könnte man vergessen, dass man sich hier inmitten eines streng geometrisch angelegten Barockgartens befindet. Ein paar Baumreihen weiter werden die Blumen nur in den dafür vorgesehenen Rabatten gepflanzt, ganz wie im 18. Jahrhundert. Die Symmetrie der Alleen bringt Ruhe in die Parkanlage und die Orientierung fällt nicht schwer. Die Wiener haben sich an die mächtigen Flaktürme im Hintergrund gewöhnt. Es sind Relikte aus dem Zweiten Weltkrieg.

TIPP

Im Sommer veranstaltet das Filmarchiv Austria das Open-Air-Kino „Kino wie noch nie" im Augarten.

Spaziert man vom Parkeingang beim Schloss Augarten los, können sich große und kleine Entdecker über eine App die GEHschichten zum Areal anhören und mit dem Geist von Kaiser Maximilian und dem frechen Charlie als Begleiter den Park erkunden. Im Schlossgebäude ist seit 1923 die österreichische Porzellanmanufaktur Augarten untergebracht, die in der Tradition der kaiserlichen Manufaktur hier neu gegründet wurde und noch Motive aus der Zeit Maria Theresias verwendet. Im Museum wird der Herstellungsprozess anschaulich erklärt. In den Räumen darüber, wo mit Geduld und Präzision bemalt und glasiert wird, entstehen besonders hübsche Kunstwerke.

Die kaiserliche Familie hatte hier ein Sommerschloss, in dem Mozart und Beethoven Konzerte gegeben haben. Heute dient das Gebäude den Wiener Sängerknaben als Zuhause. Ursprünglich für die kaiserliche Hofkapelle als Knabenchor gegründet, besuchen heute 100 9- bis 13-jährige Sängerknaben und etwa 300 Schülerinnen und Schüler die Schule im Augartenpalais. Im Konzertsaal MuTh beglücken die jungen Stimmen ihre Zuhörer und schaffen, oft gemeinsam mit den Chormädchen, unvergessliche Erinnerungen.

- Augarten, Obere Augartenstraße, 1020 Wien
- ÖPNV: Haltestelle Obere Augartenstraße oder Taborstraße

Mystische Statuen im Wald

69

Pause im Pötzleinsdorfer Schlosspark

Bei einem Spaziergang durch den Pötzleinsdorfer Schlosspark kann man wunderbar auftanken und abschalten. Nimmt man den Rundweg, ist ein kleiner Anstieg zu meistern. Nach immerhin 100 Höhenmetern und einem Stück ungepflasterten Wegs durch den Wald wird man dafür mit einem schönen Rundblick belohnt. Unterwegs trifft man auf monumentale weiße Statuen mitten auf der grünen Wiese. Sie verleihen dem Park eine besonders malerische Atmosphäre und erzählen eine bewegte Geschichte, stammen sie doch vom Ringtheater, das 1881 abgebrannt ist. Diese Katastrophe kostete Hunderte Menschen das Leben. Die Figuren stellen die vier Stimmlagen des Gesangs dar. In der Reihenfolge Alt, Tenor, Sopran und Bass standen sie auf der Attika des Theaters an der Ringstraße. In der Stille der Abendsonne strahlt das „Singende Quartett" eine seltene Magie aus.

TIPP

Auf zehn Tafeln entlang des Währinger Frauenwegs erfährt man mehr über die Wiener Frauenbewegung.

Die ursprüngliche Anlage wurde vor über 200 Jahren vom Kunstgärtner Konrad Rosenthal in einen englischen Landschaftsgarten verwandelt. So hält ein Spaziergang durch den Park immer wieder überraschende Entdeckungen für die Besucher bereit: Malerische Teiche, ein Tempel im griechischen Stil, eine verträumte Badegrotte und Mammutbäume können bewundert werden. Schloss Pötzleinsdorf wurde mehrmals verkauft und Anfang des 20. Jahrhunderts gab es sogar Pläne zur Parzellierung und zum stückweisen Verkauf des Parks. Vor diesem Schicksal rettete der Möbelfabrikant Max Schmidt das Anwesen. Er kaufte es und schenkte Schloss und Park schließlich der Stadt Wien. Seit 1935 ist die grüne Oase tagsüber für die Bevölkerung geöffnet. Im Schloss befindet sich eine Rudolf Steiner Schule. Eine neuere Ergänzung ist der Frauenpfad, auf dem Lebensgeschichten von Frauen erzählt werden, die in Wien Herausragendes geleistet und bewegt haben. Die großen Attraktionen für die Kleinen sind das Tiergehege mit besonders kinderfreundlichen und geselligen Kärntner Brillenschafen und Zwergziegen sowie der große Spielplatz gleich beim Eingang an der Pötzleinsdorfer Straße.

- Pötzleinsdorfer Schlosspark, Pötzleinsdorfer Straße, 1180 Wien
- ÖPNV: Haltestelle Pötzleinsdorf

Sympathisches Marktleben

70 Einkaufen und genießen am Kutschkermarkt

Die lockere Atmosphäre und sichtbar entspannte Menschen machen den Besuch auf dem kleinen Markt unter den Bäumen bei der St.-Gertruds-Kirche zu einem besonderen Vergnügen. Gerade sind 35 neue Bäume gepflanzt und großzügige Staudenbeete aufgestellt worden. Die Schulgasse wurde fahrradfreundlich umgestaltet und verkehrsberuhigt. Sitzbänke zur freien Verfügung als konsumfreie Erholungsorte und drei Trinkbrunnen ergänzen den schon bisher überaus beliebten Markt. Die Anzahl der Marktstände und Lokale ist überschaubar, man kennt einander. Generell gibt es hier keine Hektik und kein Geschiebe wie auf anderen überlaufenen Märkten. Auf den Kutschkermarkt geht man am besten samstags, wenn die Bauern aus der Umgebung saisonale und regionale Produkte in den 18. Bezirk bringen und Livemusik zusätzlich für Stimmung sorgt. Ein idealer Ort, um den Augenblick zu genießen und sich kulinarisch verwöhnen zu lassen. Beim zweimal im Jahr stattfindenden Genusspfad gibt es Kostproben und kleine, feine Spezialitäten an allen Marktständen.

Im gutbürgerlichen Bezirk Währing angesiedelt, zieht es vor allem Familien mit Kindern und Bewohner aus der Umgebung auf den beliebten Markt. Viele kommen täglich hier vorbei, entsprechend familiär ist der Umgang zwischen Händlern und Kunden. Man schätzt die feinen Delikatessen und Bioprodukte sowie das generell hochwertige Angebot an Obst, Gemüse, Brot, Fisch, Wein, Blumen, Säften und Marmeladen. Bei Antipasti und Meeresfrüchten fühlt man sich in den Süden versetzt und möchte am liebsten bleiben. Das bunte Markttreiben ist die perfekte Umgebung für ausgedehnte Frühstückstreffen mit Freunden oder ein gesundes Mittagessen zwischendurch mit Erholungseffekt im Alltag.

Der direkt neben dem Gastgarten liegende Spielplatz ermöglicht auch Eltern mit Kleinkindern eine Ruhepause. Die Gasse hinter der kleinen Kirche verströmt abends einen besonderen Zauber. Hier kann man nach getaner Arbeit bei einem After-Work-Drink unter Bäumen und Marktschirmen wunderbar den Tag ausklingen lassen.

TIPP

Samstagvormittags mit den Verkäufern am Bauernmarkt über ihre Lieblingsprodukte plaudern.

● Kutschkermarkt, Kutschkergasse, 1180 Wien
www.amkutschkermarkt.at
● ÖPNV: Haltestelle Kutschkergasse

Klassiker unter Bäumen

71 Literatur und Kunst vereint im Schillerpark

Wer auf der Suche nach einem ruhigen, schattigen Plätzchen von der Ringstraße Richtung Akademie der bildenden Künste abbiegt, gelangt zum Schillerpark. Vor dem großen roten Backsteingebäude der Akademie steht eine Statue. Friedrich Schiller wird hier verehrt, er blickt hinüber zu seinem Zeitgenossen Johann Wolfgang von Goethe, der als bequem sitzende Figur auf der anderen Seite der Ringstraße vor dem Burggarten verewigt ist. Die großen deutschen Dichter wurden im 19. Jahrhundert gefeiert. Mit etwas Verspätung kam die Verehrung auch in Wien an und wurde dann umso prominenter mit den Statuen untermauert. Die Akademie der bildenden Künste beherbergt übrigens eine der großen Kunstuniversitäten und eine weniger bekannte Gemäldesammlung, die im Museumsteil des Gebäudes zu besichtigen ist. Eines der Highlights ist das Triptychon von Hieronymus Bosch. Der Schillerpark wird gern von den Studentinnen und Studenten bevölkert, die die Lernpausen auf den Bänken unter den Bäumen verbringen. Diese versteckte Oase wurde vor wenigen Jahren um eine Erinnerung an einen viel später geborenen Schriftsteller erweitert: Franz Werfel. Er lebte mit seiner Frau Alma Mahler-Werfel in der an den Park grenzenden Elisabethstraße im Haus Nummer 22. Sein Denkmal verzeichnet die Inschrift: „In Dankbarkeit und Hochachtung. Das armenische Volk.“ Franz Werfel verarbeitete in seinem Werk „Die vierzig Tage des Musa Dagh“ den Genozid an 5000 Armeniern literarisch. Auch der Franz-Werfel-Menschenrechtspreis trägt seinen Namen. Werfels Werke waren in den 1920er- und 30er-Jahren regelrechte Bestseller.

Richtung Ringstraße wurde die Grünfläche nach dem Komponisten und Dirigenten Robert Stolz benannt. Er liebte Rosen und hatte das Glück, eine Rose auf seinen Namen taufen zu dürfen. Die hübsche Robert-Stolz-Rose wurde auch auf dem Platz gepflanzt und erfreut nun mit ihren Blüten und ihrem betörenden Duft vor seiner ehemaligen Wohnung die Passanten. Stolz' Lieder und Operetten bleiben unvergessen.

TIPP

Die Gemäldegalerie der Akademie zeigt einen Flügelaltar von Hieronymus Bosch und andere Schätze.

- Schillerpark, Schillerplatz, 1010 Wien
- ÖPNV: Haltestelle Burgring oder Karlsplatz

Leichtigkeit im Weingarten

72 Sorgenfrei in der Stammersdorfer Kellergasse

In Wien liebt man den Wein und die Rituale, die zu seiner Herstellung und dann natürlich zum Trinken gehören. Wer keinen Alkohol mag, greift zum Traubensaft. Am Wochenende zieht es die Einheimischen förmlich zu den Weingärten und in die Kellergassen. Ob auch Spazierengehen auf den Wegen entlang der Reben am Programm steht, ist Geschmackssache. Viele bevorzugen den direkten Einkehrschwung zum Heurigen, wie die Buschenschanken in Wien genannt werden.
In Stammersdorf hat sich eine der alten Kellergassen erhalten, wenn auch die meisten der Keller aufgestockt und zumindest um eine Terrasse erweitert wurden. Bis vor ein paar Jahrzehnten waren in der Gasse nur die Eingänge zu den Kellern, ebenerdig befand sich manchmal eine Weinpresse, sonst nur die Treppe hinunter in den konstant kühlen unterirdischen Gang, der zur Lagerung der Weinfässer und abgefüllten Flaschen diente. Nördlich von Wien, im Weinviertel, gibt es noch viele dieser typischen Gassen, die links und rechts von gemauerten kleinen Häuschen, die nur aus einer Tür bestehen, gesäumt sind. Da konnte es schon passieren, dass der halbe Dorfrat in den Weinkellern saß und die wichtigen Entscheidungen dort anstatt im Rathaus getroffen wurden. Beim Wein redet es sich einfach leichter.

TIPP

Im Heurigenkalender oder auf der Ausg'-steckt-Tafel steht, welche Winzer offen haben.

Für viele Einheimische ist Stammersdorf noch das echte alte Winzerdorf, wohin sich kaum Touristen verirren. Ganz im Gegensatz zu den Heurigen auf der anderen Donauseite im 19. Bezirk, wo nicht nur die Mietpreise höher sind. Jedenfalls eignet sich die Kellergasse in Stammersdorf gut zum *Laterndln.* Das bedeutet, von einem Ausg'steckt-Buschen zum nächsten zu gehen und in jedem Lokal einzukehren. Der „Buschen" ist ein Ast von einem Baum, den man oberhalb der Tür aufhängt, um anzuzeigen, dass der Betrieb geöffnet ist. Natürlich kann man auch auf traditionelle Weise spazieren gehen, das Grün und den Blick in die Weite genießen und erst zum Ausklang einkehren. Das sei allen Natur- und Weinliebhabern wärmstens ans Herz gelegt.

- Stammersdorfer Kellergasse, 1210 Wien
  www.stammersdorf.at
- ÖPNV: Haltestelle Stammersdorf

FENDT

Geschützte Wildnis

73 Gast sein in der Natur im Sternwartepark

Nach ein paar Schritten hinein in den stillen Park breitet sich innerlich Ruhe aus. Innerhalb der Mauern entfaltete sich über 100 Jahre lang eine Vielfalt an Pflanzen und Tieren, zu der jedoch nur Studierende, Wissenschaftler und wenige Besucher Zutritt hatten. Erst seit 2013 ist die Wildnis des Sternwarteparks öffentlich zugänglich. In diesem Naturjuwel befindet sich die Wiener Universitätssternwarte, die vom Institut für Astrophysik der Universität Wien betrieben wird. 1883 eröffnet, ist sie bis heute die größte baulich geschlossene Anlage dieser Art in Europa.

Der Backsteinbau hebt sich farblich vom Grün der Bäume und Sträucher ab. Der alte und dichte Baumbestand gibt einem das Gefühl, in einem verwunschenen Wald zu sein. Umgefallene Baumstämme und eine dicke Blätterschicht am Boden sind ein perfekter Lebensraum für Insekten und Kleintiere. Die Natur wird in diesem Park sich selbst überlassen und wurde so zu einem Zuhause für selten gewordene Arten wie den Hirschkäfer oder einen Tagfalter, der Weißer Waldportier genannt wird. Bienenstöcke und Nisthäuschen für Vögel haben hier Vorrang, einen Nachmittag am Spiel- oder Sportplatz wird man eher im nahe gelegenen Türkenschanzpark verbringen. Viele Pflanzen finden sich in ihrer Wildform nur im Sternwartepark. Für Botaniker ein wahres Paradies, in dem man nicht aus dem Staunen herauskommt. Da Bäume hier umfallen dürfen, (fast) wie sie wollen, sind nur die Hauptwege als gesichert ausgeschildert, und das Betreten der Nebenwege ist nur auf eigene Gefahr gestattet. So steht dem achtsamen Urwalderlebnis nichts im Weg, solange man auf den Pfaden bleibt, damit die Vegetation so ungestört wie möglich gedeihen kann und dieser einzigartige Ort erhalten bleibt.

Ein kleines Museum in der ehemaligen Direktorenwohnung bietet einen Einblick in die Geschichte der Wiener Astronomie. Auch die Sternwarte kann im Rahmen von Führungen besucht werden.

TIPP

An zwei Freitagen im Monat finden Vorträge im Rahmen der Reihe „Nachts auf der Sternwarte“ statt.

- Sternwartepark, Edmund-Weiß-Gasse, 1180 Wien
- ÖPNV: Haltestelle Gregor-Mendel-Straße

Entspannte Terrassenzeit

74 Verwöhnen lassen in der Rooftop-Bar

Wer sitzt nicht gerne bei einem guten Getränk auf der Dachterrasse und blickt entspannt über die Häuser der Stadt? Für viele ist das der Inbegriff von Sommerfeeling. Verständlich, dass man es in so einem kleinen Paradies länger aushält. Vor allem, wenn die Terrasse eine so verträumte Atmosphäre bietet. Alle, die sich Zeit nehmen für eine Verwöhnpause, sind hier im Chez Bernard goldrichtig.
Der gemütliche Dachgarten im französischen Stil auf dem Hotel MOTTO begeistert Einheimische und Gäste gleichermaßen. Im Gebäude befindet sich seit über 100 Jahren ein Hotel, zuletzt wurde es renoviert, mit einem spektakulären Dachausbau versehen und als Boutiquehotel wiedereröffnet. Wiener Lebensgefühl und Pariser Flair sind hier ein Liebespaar geworden. Das Restaurant und die Dachterrasse, die bei gutem Wetter geöffnet ist, sind frei zugänglich, das geschmackvolle Design wird durch Farne und unzählige andere Pflanzen unterstützt. Sie hängen von der Decke, sind überall sonst in dem luftigen Raum verteilt und kreieren ein einzigartiges Ambiente. Besonders deutlich wird der wohltuende, entspannende Effekt, wenn man direkt vom Einkaufen auf der belebten Mariahilfer Straße kommt. Der Blick in die Weite tut dann ebenso gut wie ein ruhiges Plätzchen vor der begrünten Wand und ein erfrischendes Getränk oder ein stärkender Imbiss. Bei Schönwetter ist die Terrasse ein Ort für verträumte Momente und inspirierende Gespräche. Sonnenuntergang über den Dächern von Wien inklusive.
Die Liebe für Pflanzen beginnt schon an der Außenfassade des Hotels, das in der sonst so grauen Gasse erfrischend einladend wirkt. Wer nicht nur ins Restaurant geht, sondern eines der schmucken Zimmer bezieht, findet Fauna und Flora als durchgehende Dekorationselemente auf Wandtapeten und Stoffen. Die auf Fluren und vor dem Lift platzierten Pflanzentöpfe lassen eine wohlige und heimelige Atmosphäre entstehen, von der man sich auch als Kurzzeitgast beflügeln lässt. Ein Stück Natur mitten in der Stadt zum Durchatmen und Entspannen.

TIPP

Die Bäckerei im Erdgeschoss des Hotels bietet feinste Patisserie.

● Chez Bernard auf der Dachterrasse des Hotels MOTTO, Mariahilfer Straße 71 a, 1060 Wien, Tel. +43 (1) 5 81 46 00, www.hotelmotto.at/chez-bernard
● ÖPNV: Haltestelle Neubaugasse

Badevergnügen mit Blick

75 Süßes Nichtstun im Krapfenwaldlbad

Sommer, Sonne, ab ins Freibad! Was gibt es Schöneres? Wer die Sommertage gerne im Schwimmbad verbringt, hat in Wien viele Möglichkeiten. Die Wahl fällt mitunter schwer. Meistens landet man dort, wo der Freundeskreis auch hingeht, und quartiert sich gleich über den Sommer ein. Kabinenmieter kennen einander oft seit Jahrzehnten und spielen regelmäßig miteinander Karten.

Das von den Wienern liebevoll „Krawa" genannte Bad liegt hoch oben im Wald und ist mit seinen vielen schattigen Plätzen besonders beliebt. Das Beste ist natürlich die Aussicht auf die Stadt. Mit dem Bus 48A oder dem Auto geht es hinauf zum höchstgelegenen Freibad Wiens. Sobald die Badesaison eröffnet ist, treffen sich hier die Dauergäste und alle, die kurz entschlossen das kühle Nass suchen. Im 40.000 Quadratmeter großen Areal ist Platz für circa 4500 Personen, da ist an heißen Wochenenden viel los. Ein Freibad ist ein bisschen wie ein Kaffeehaus: Man kann für sich bleiben und ist trotzdem nicht allein. Vom Kinderbecken und Spielplatzbereich hört man fröhliches Lachen, Teenager knüpfen am Beachvolleyballplatz erste Kontakte und am Fußballplatz werden überschüssige Energien verbraucht. Wenn einem nach einer Abkühlung zumute ist, tut ein erfrischender Sprung ins Wasser gut. Außerdem gibt es Pommes und Eis, mehr braucht es für einen Sommertag im Glück nicht.

TIPP

Früh ins Bad kommen und ein paar Längen schwimmen, bevor der Ansturm aufs kühle Nass losgeht.

Vor über 100 Jahren stand hier das Waldhaus des Herrn Krapf, das heute noch als Wirtshaus ins Bad eingegliedert ist. Die größte Aufregung gab es 1979, als das Krapfenwaldl den Damen das Oben-ohne-Baden erlaubte. Das hatte man sonst im ganzen Land noch nicht gesehen. Das an den Hängen des Cobenzl gelegene Bad ist auch ein Ort des Sehens und Gesehenwerdens. Das gehört dazu. Gerade hier, oberhalb der Villengegend im noblen 19. Bezirk. Ruhesuchende finden weiter hinten unter den Föhren ihr Glück. Man kann auch einfach den Blick über Wien genießen und ein Buch lesen. Am Abend kommt dann die wohlige Müdigkeit nach einem Tag voller Leichtigkeit.

● Krapfenwaldlbad, Krapfenwaldgasse 65–73, 1190 Wien, Tel. +43 (1) 3 20 15 01
● ÖPNV: Haltestelle Krapfenwaldgasse

Die grüne Schatzkammer

76 Leichtigkeit im Schönbrunner Palmenhaus

Bereits von außen ist das Schönbrunner Palmenhaus ein echter Blickfang. Mit Blumenornamenten und in Form geschnittenen Büschen beeindruckt der imposante Bau schon von Weitem. 1880 wurde das damals größte Glashaus der Welt mit einer Gesamtfläche von 2500 Quadratmetern vom Kaiser feierlich eröffnet. Es ersetzte die alten Glashäuser und bietet im Inneren drei Klimazonen Platz. Es ist gigantische 111 Meter lang, die breiteste Stelle beträgt 28 Meter und der höchste Punkt 25 Meter. Ursprünglich waren hier die Pflanzensammlungen des Kaiserhauses untergebracht. Die Vorgängerbauten waren zu klein geworden und der moderne Glas-Eisen-Bau versprach deutlich mehr Licht für die exotischen Pflanzen. Er ist der größte dieser Art in Europa.

Man betritt das Palmenhaus im zentralen, temperierten Teil, in dem Pflanzen aus dem Mittelmeergebiet, von den Kanaren, aus Südafrika, Amerika und Australien wachsen. Von innen ist der Bau fast noch schöner. Das Grün der Pflanzen und die weiß gestrichenen Eisenteile wirken freundlich. Die Atmosphäre ist ruhig und angenehm. Es scheint, als wären die Besucher hier besonders achtsam unterwegs. Man genießt den hohen Raum und ist neugierig auf die Pflanzen und auf eventuelle Entdeckungen.

Am Anfang weiß das Auge nicht, worauf es sich fokussieren soll, so viel gibt es zu sehen. Zwischen den Palmen, Farnen und Azaleen sind zwei hübsche weiße Wendeltreppen versteckt. Unter exotischen Gewächsen stehen immer wieder Bänke zum Ausruhen bereit. Eine Tür führt in die tropische und subtropische Klimazone im Warmhaus. Dort ist es nie kälter als 18 Grad Celsius. Eine Dampfwasserheizung stellt sicher, dass die Temperaturen konstant bleiben, so können Raritäten aus der ganzen Welt gezeigt werden. Im nördlichen Teil befindet sich das Kalthaus mit Pflanzen aus China, Japan, der Himalaja-Region und Neuseeland. Die Sitzgelegenheiten sind wunderbare Einladungen, die Umgebung in Ruhe wahrzunehmen und den Zauber der üppigen Natur auf sich wirken zu lassen.

TIPP

Mehrmals im Jahr finden Sonderausstellungen im Palmenhaus statt. Die Azaleenblüte ist ein Highlight.

● Palmenhaus im Schlossgarten Schönbrunn, Eingang Hietzinger Tor, 1130 Wien, Tel. +43 (1) 8 11 13-0, www.schoenbrunn.at
● ÖPNV: Haltestelle Hietzing oder Am Platz

Bunter, fröhlicher Ort

77 Grüne Inseln im MuseumsQuartier finden

Willkommen in einer nicht mehr genutzten historischen Anlage, die völlig neu belebt wurde. Bis 1918 befanden sich hier die Hofstallungen, in den Gebäuden waren Hunderte Kutschen, Pferde und die für den Fuhrpark benötigten Bediensteten untergebracht. Im Zentrum steht heute noch die kaiserliche Reithalle. Nach dem Ende der Monarchie und der Erfindung des Automobils wurde es hier ruhig. Erst in den 1990er-Jahren wurde ein neues, langfristiges Nutzungskonzept entwickelt, das unterschiedliche Museen für Moderne Kunst und Architektur, ein Kindermuseum und ein Kindertheater, das Tanzquartier sowie einen Entfaltungsraum für junge Kunst in die alten Gemäuer brachte. Seither lebt das Areal buchstäblich auf und wurde zu einem beliebten Treffpunkt für alle Generationen.

TIPP
Im Sommer empfiehlt sich ein Besuch im Gastgarten des Glacis Beisls.

Im MuseumsQuartier ist man erfinderisch. Das historische Gelände ist gepflastert und verbaut, dennoch wirkt es fröhlich und im Frühjahr und Sommer sogar grün. Gerade aktuell werden wieder Künstler eingeladen, umweltbezogene Projekte umzusetzen. Im Sommer 2023 startete „MQ goes Green" mit dem langfristigen Ziel, eine intensivere Begrünung des Areals und mehr Aufmerksamkeit für ökologische Themen zu schaffen. Die verschiedenen Höfe wurden mit Bäumen, Gräsern, Büschen und Blumen bepflanzt, die sowohl hitze- als auch kälteresistent sind. In einem geschützteren Bereich sind Honigbienen in vier Bienenstöcke eingezogen. Im Haupthof bieten überdimensionierte bunte Sitzmöbel mit dem Namen „Enzi" einen konsumfreien Aufenthaltsort und wurden zum viel geliebten Erfolgsprojekt. Jedes Jahr wird unter großer Anteilnahme auf Social Media über die neue Farbe der Enzis abgestimmt. Natürlich gibt es auch Restaurants und Bars, in denen man entspannt essen und trinken kann.

Wer gerne von oben auf eine Stadt schaut, hat hier im MQ die Gelegenheit, mit dem Panoramaaufzug am Leopold Museum hochzufahren und bei der „Libelle", einer ringförmigen, nachts leuchtenden Kunstinstallation, einen besonders schönen Blick über Wien zu genießen.

- MuseumsQuartier, Museumsplatz 1, 1070 Wien, Tel. +43 (1) 5 23 58 81-17 20
www.mqw.at
- ÖPNV: Haltestelle Volkstheater

Salongespräche im Garten

78 Die großzügige Oase im Wertheimsteinpark

Schlendert man entspannt an grünen Wiesen und beeindruckenden alten Bäumen vorbei, begegnet man der Büste des Schriftstellers Ferdinand von Saar, eines langjährigen Freundes der Familie Wertheimstein. Der ursprünglich private Park diente auch als Ort für Einladungen und künstlerische Gespräche. Man sieht Franziska von Wertheimstein im Geiste vor sich, wie sie mit dem Dichter ihren Morgenspaziergang macht und sich angeregt unterhält. Auch Hugo von Hofmannsthal war ein gern gesehener Gast. Josephine von Wertheimstein und ihre Tochter Franziska führten sowohl in ihrer Stadtwohnung als auch hier in der Villa einen bekannten Salon. Bedeutende Wissenschaftler und Künstler gehörten zum engsten Kreis des liberalen Treffs. Vom Vorbesitzer, dem Tuchfabrikanten und Kunstsammler Rudolf von Arthaber, stammten noch die Glashäuser im Park, die von den Wertheimsteins weiter gepflegt wurden. So gab es immer Blumendekorationen für die Villa. Da Franziska von Wertheimstein keine Kinder hatte, vermachte sie die Gebäude und den Park der Stadt Wien unter der Bedingung, dass der Garten für die Bevölkerung zugänglich bleibt und Wertheimsteinpark genannt wird. Der Stifterin ist ein Gedenkstein im Park gewidmet.

Seit 1964 wird die Villa als Bezirksmuseum Döbling genutzt, so können die Privatsalons der Wertheimsteins heute noch besichtigt werden. Im unteren Teil der Gartenanlage findet sich in einem stillen, fast versteckten Bereich ein Stück des sonst eingewölbten Krottenbachs, der als Teich im Wertheimsteinpark an die Oberfläche kommt. Die dicht bewachsene dunkelgrüne Oase ist ein magischer Ort, an dem sich gut tagträumen lässt, bis einen die quakende schwarze Entenfamilie wieder zurück ins Hier und Jetzt holt. Das freundliche und großzügige Wesen von Franziska ist im Park noch immer spürbar. Ihrer Wohltätigkeit und Hilfsbereitschaft ist es zu verdanken, dass die vielseitige Kraftoase mit unterschiedlichen Erholungsmöglichkeiten allen offensteht.

TIPP

Falls das Museum gerade geöffnet hat, sollte man einen Blick in die Räume der Wertheimsteins werfen.

- Wertheimsteinpark, Döblinger Hauptstraße, 1190 Wien
- ÖPNV: Haltestelle Barawitzkagasse

Innenhofgemeinschaft

79 Geselliges Wohlfühlen im Schlossquadrat

Ob in Wien geboren oder zugezogen, viele Menschen suchen das Dorf in der Stadt. Da die Hauptstadt abgesehen vom 1. Bezirk aus zusammengelegten Dörfern besteht, findet sich leicht ein Platz vor einer Kirche mit alten Bäumen, auf den die Bewohner abends strömen und wo sie bei ihrem Wirt einkehren.

Eine Variante des Dorfplatzes ist das Schlossquadrat in Margareten, dem 5. Bezirk. Das sonst so dicht bebaute Gebiet zwischen Wienfluss und Gürtel hat keine großen Parks oder andere grüne Erholungsräume anzubieten. Umso beliebter sind die versteckten Oasen hinter den historischen Mauern. In den lauschigen Innenhöfen des Gebäudekomplexes haben sich verschiedene Lokale eingemietet. Vom klassischen Gasthaus über die Pizzeria bis zur spanischen Bar und einem Restaurant ist hier für jeden Geschmack etwas dabei. Man sitzt unter Schatten spendenden Bäumen, die Höfe sind liebevoll mit Blumen und Sträuchern bepflanzt. Der Charme des alten Schlosses ist die perfekte Ergänzung zu den romantischen Gastgärten, die von vielen als die schönsten von Wien bezeichnet werden.

TIPP

Der belebte Naschmarkt ist nur eine U-Bahn-Station entfernt und immer einen Besuch wert.

Das Schloss Margareten geht auf das 14. Jahrhundert zurück, hatte viele Besitzer und wurde oft umgebaut. Ein Teil des Schlossgartens wurde, nachdem die Anlage von der Stadt aufgekauft worden war, als Maulbeerbaumschule verwendet, andere Bereiche wurden an Fabrikanten und Händler verpachtet. Es gab eine Buchdruckerei, eine Klavierfabrik, ein Brauhaus und einen Seidenzeugmacher. Auch heute wird das Areal noch gewerblich genutzt.

Wer das Grätzel für sich entdeckt hat und länger bleiben möchte, hat Glück. Im Schlossquadrat werden möblierte Kleinwohnungen für Aufenthalte ab 3 Monaten angeboten. Bei der Gelegenheit kann man die stimmungsvolle Atmosphäre, die begrünten Fassaden und das alte Wegpflaster jeden Tag genießen, am Nachmittag gemütlich einen Kaffee trinken und beim Lesen eines Buches entspannen. Am schönsten sind die lauen Sommernächte, da verweilt man gerne länger und lässt den Arbeitstag gemütlich ausklingen.

- Schlossquadrat, Schloßgasse 21, 1050 Wien
  www.schlossquadr.at
- ÖPNV: Haltestelle Margaretenplatz

Freude an Bewegung

80 Helmut-Zilk-Park im Sonnwendviertel

Mit den Öffis geht es in den 10. Bezirk. Die Anreise gestaltet sich unkompliziert, da die Straßenbahn direkt neben der grünen Wiese hält, und so ist der Helmut-Zilk-Park leicht erreichbar. Ein grüner Glücksort, der im neu verbauten Wohngebiet Sonnwendviertel entstanden ist. Im Rahmen des gigantischen Bauprojekts des Wiener Hauptbahnhofs zwischen 2009 und 2014 wurden 4000 neue Wohnungen, Schulen, Kindergärten und Parks geplant und realisiert.
Der Helmut-Zilk-Park in diesem neuen Stadtteil von Wien lässt viel Freiraum. Eine große grüne Wiesenfläche lädt zum Fußballspielen ein. Familien und Freundesgruppen packen hier ihre mitgebrachten Sportgeräte aus. Es wird Federball gespielt, Bälle jeglicher Größe werden geworfen und die Picknickdecke wird ausgebreitet. Besonders Kinderherzen schlagen beim Betreten des Motorikparks® höher: Ein Parcours führt über Hindernispfade aus unterschiedlichen Materialien, höhere Bereiche sind zu erklimmen, auf Seilen und Netzen werden Geschicklichkeit und Balance spielerisch trainiert. Ein Paradies für kleinere und größere Kinder, das die Beweglichkeit fördert und Spaß macht. Für Jugendliche und Erwachsene stehen schwingende Kletterkreisel, Liegenetze und Fitnessgeräte zum Trainieren bereit.

TIPP

Das Sonnwendviertel ist ein spannendes Beispiel für moderne Stadtentwicklung.

Von der anderen Seite des Parks hat man vom Parkcafé aus den vollen Überblick. Die großzügige Terrasse ist einladend und bietet auch Familien mit Kinderwagen genug Platz. Der Kleinkinderspielplatz mit Sonnenobservatorium, Rutsche und Gatsch-Matsch-Anlage liegt direkt nebenan. Das Sonnendeck ist auch ohne Konsumation kostenlos nutzbar. Ein Kaffeehaus ist in Wien ein beliebter Treffpunkt im Grätzel, ein Ort der Geselligkeit und auch für stilles Einfach-da-Sein und Genießen. Die Melange ist bestellt, dazu gibt es Apfelstrudel. Oder lieber doch einen Gugelhupf? Auch die Auswahl an Plundergebäck und süßen Köstlichkeiten aus Blätterteig ist groß. Hm, das schmeckt, und im Moment ist alles gut. Die kleinen Geschenke des Alltags sind oft die wertvollsten.

● Helmut-Zilk-Park, Hlawkagasse, 1100 Wien
● ÖPNV: Haltestelle Hlawkagasse

Für Sebastian, mit dem ich überall mein Glück finde
und der mich zu allen grünen Glücksorten begleitet hat.

Bibliografische Informationen der Deutschen Nationalbibliothek
Die Deutsche Nationalbibliothek verzeichnet diese Publikation in der Deutschen Nationalbibliografie; detaillierte bibliografische Daten sind im Internet über http://dnb.d-nb.de abrufbar.

Konzeption/Satz: Droste Verlag, Düsseldorf
Einbandgestaltung und Illustrationen: Britta Rungwerth, Düsseldorf, unter Verwendung von Bildern von © Fotolia.com: jd – photodesign.de; © iStock: Plociennik Robert
Fotos: Martha Tretter und Sebastian Frankenberger
Textlektorat: Julia Lorenzer, Rohrdorf

FSC www.fsc.org MIX Papier | Fördert gute Waldnutzung FSC® C011279

Druck und Bindung: LUC GmbH, Greven
ISBN 978-3-7700-2503-9

www.droste-verlag.de